〝テレワーク時代〟に売上を伸ばす！

『営業ムダとり』戦略

～中小企業3000社の「営業マン」に貢献した「三方よし」の新・営業術～

テレワーク営業エバンジェリスト
「営業ムダとり」®コンサルタント

世古 誠 Makoto Seko

【『営業ムダとり』における断・捨・離とは】

断・・・成果の上がらない仕事は断り、取り組まないこと

捨・・・活動の要らない部分を捨てること

離・・・昔からのやり方を見直し、新たな取組みを始めること

はじめに　『すべての営業マンのお役に立ちたい！』

こんにちは！　本書の著者、世古誠（せこまこと）と申します。

私は、日本全国、あらゆる業種の企業に入り込んで、営業ムダとりを中心とした営業指導を行い、企業の生産性を高め、社員がワクワク働くためのお手伝いとして、コンサルティングを行っています。

私のコンサルティングは「実践型」で、中小企業中心のクライアントの皆さんと膝を突き合わせて、共にデータ分析から戦略立案、実践指導から検証まで「一緒に」「実践」、そして何よりも「売上（成果）」を上げることにこだわっています。

これまでに19年間コンサル一筋で、延べ3000社を超える営業マンの指導育成のお手伝いをおこなってきました。

さて、この本を書店やネットで発見され、手に取られたあなたは、

・テレワーク営業をはじめたいがスキームがわからない
・テレワーク営業をするようになったが、売上が下がる一方だ
・最近、お客様とのコミュニケーションの取り方に悩んでいる

・コロナ禍で営業お断りのお手上げ状態・・・
・上司にこれからの営業の取組み方を聞くが、ロクな返事が無い
・メールやZOOMによる非接触な面談ばかりを指定されて、思うように商談が進まない

などなど、様々な問題意識をお持ちだと思います。

問題意識を持つということは、素晴らしいことです。まず、そんな素晴らしいあなたと本書を通じて出会えたことに感謝申し上げます。


過去にも様々なビジネス環境の変化のタイミングがありました。ITツールの導入、携帯電話の普及、スマホ化などがそれです。しかし、過去の変化と比べても今回はどうも様子が違うと思いませんか?

新型コロナウイルスの感染拡大の影響が世界中に広がり、人類史上体験したことがない事態が発生しました。今まで経験したことのない劇的なビジネス環境の地殻変動が起こっているのです。しかも、今はまだその前兆に過ぎないのかもしれません。

最終的にこれらの地殻変動がどのような変化をもたらすのか、的確に予測することは誰にもできません。

思い起こせば、コロナウイルスの感染拡大が始まった２０２０年2月中旬に、あるクライアント企業の社長から、一本の電話が入りました。

「今後の営業活動はどうしたらいいのでしょうか？　教えてください」

さすがに、「騒動が収まるまでじっと我慢の子でおとなしくしておきましょう」とは、言えません。

「今後は予測不可能ですが、予想するしかないので、一緒に考えましょう」

そうお返事をし、Ｗｅｂ会議に接続し、一緒に考えました。

その時、意識したことは、

「今後の市場や顧客動向、購買者の心理がどのように変化するか？」

「近未来的な営業活動にどのように変化させるべきか？」

「営業マンには、今、何をしてもらうのか？」

答えはどこにも存在しません。しかし、考えに考えて予測し、今とるべきアクションを決めていきました。

この一連の取組みには、私の今までの経験やノウハウ、ＩＴ知識、周辺の新ビジネスの情報、顧客の行動変化と心理把握などが大いに役立ちました。

本書では19年間、３０００社の営業マンと共にノウハウを築いてきた私が予測する、

「ビジネスの地殻変動」とそれらに「対抗する手立て」をご紹介していきます。ぜひ、あなたのビジネス展開や営業手法に置き変え、次のアクションの参考にしていただきたいと思います。

特に、**現場の最前線で闘っている「営業マン」、大手企業に振り回されている、崖っぷちの中小企業の営業マンにすぐに実践できる内容を心掛けて、**執筆いたしました。

この未曾有の経済状況下、次の営業戦略をどうするか。

これまでの本には載っていない、上司も教えてくれない、予測不能な近未来を予測し、新たなビジネス展開、営業展開を創るのは「あなた」です。

新たな道を切り拓き、自分を救うのは当の本人しかいないのです。だから、考えてアクションしていきましょう。そんな「あなた」を全力で支援することが、今、私にできることです。

本気で「あなた」のため、人のため、世のためにお役に立ちたい。

この一心で本書を執筆しました。ぜひ本書を活用して、テレワーク時代を、営業の壁を乗り越えてください。

世古　誠

◆目次◆

第2章

ここが違う！「営業ムダとり術」が成果をあげる9つの理由

第3章 実例！ 世古式「営業ムダとり術」5つの成功スキーム

第6章 世古式「営業ムダとり」術 STEP3『離』

第7章 世古式「営業ムダとり」術 最終STEP『三方よし』

第1章

昭和60年間・平成30年間の
常識が通じない・・・
「テレワーク時代」の営業術とは

1 ビジネス環境の地殻変動が起こった

新型コロナ禍の中、日本でも緊急事態宣言が発令されました。外出自粛要請が出た地域では、多くの企業が在宅勤務、つまりテレワークを実施しました。

社内会議はＷｅｂ会議になり、同僚との会話はＬＩＮＥで行いました。テレビの解説者や天気予報士も、自宅やサテライトオフィスからの番組出演になりました。

私もお客様との面談は、電話やＬＩＮＥ、電子メール、場合によってはＷｅｂ面談で実施しました。

テレワークという言葉自体は昔からあり、政府が旗振りをして「働き方改革」の一環として普及が叫ばれていたのですが、なかなか進まない状況でした。でも今回だけは**「すぐにやらざるを得なくなった」**のです。実際にやってみると移動の必要がなく、時間と距離の制約もないので、意外に効率が高まりました。

・デスクレス
・オフィスレス
・リアル会議レス
・リアル面談レス
・残業レス
・ハンコレス

今、皆さんの目の前でこれらの事が進行しています。これって、コロナ以前では考えられない大きな変化だと思いませんか？　ＩＴ化が進んでいたこと、国民のリテラシーレベルが上がっていたからこそ実現できたことですが、新型コロナが今後のビジネスの在り方を大きく変革するインパクトを与えたのです。

突然ですが、こんな状況を経験したあなたに、三つの質問をさせてください。

Ｑ１：今、実際にテレワークを実践していますか？
Ｑ２：今、お客様との面談や会議をＷｅｂで実施していますか？

テレワークの普及でムダが露呈した

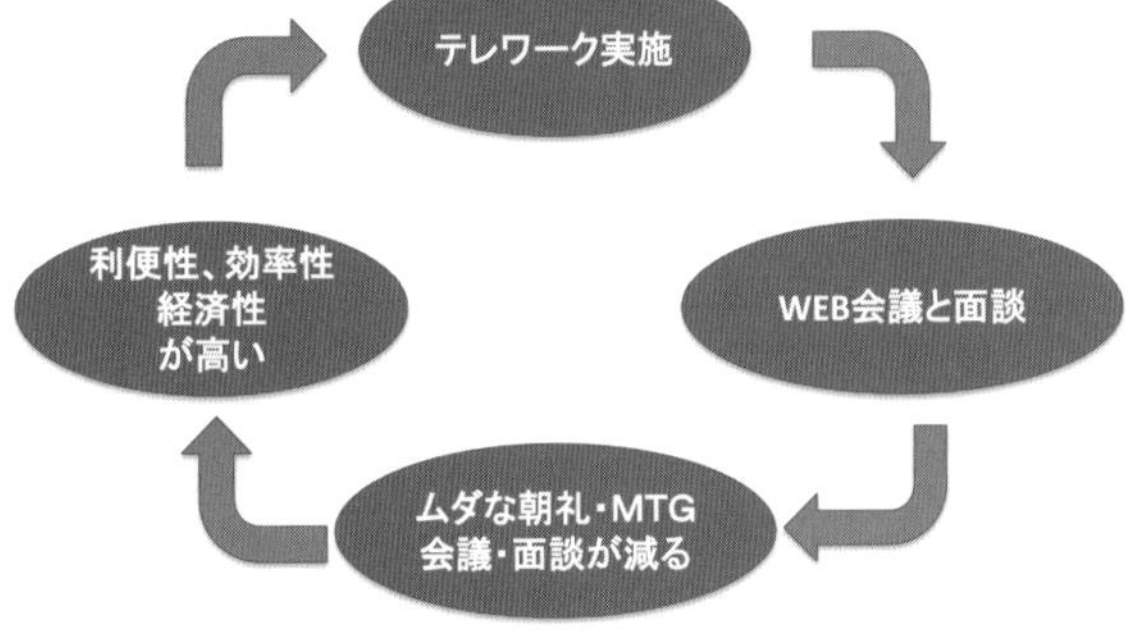

新型コロナ禍により効率的な働き方に気付いた。営業はどうか？

Q3：テレワークやWeb面談や会議を経験した方は、これらを通じて率直にどのように感じましたか？

Q1、Q2は「今でも一部やっているよ」もしくは「過去に実施していた」という回答が多いと思います。

Q3はどうでしょうか。実際のところ、「便利だよね」、「効率が良い」、「自分の時間ができた」とポジティブに捉えた方が多かったのではないでしょうか？

これは、あなただけがそう感じているわけではありません。お客様も同じ思いだということに気付くことが重要です。**テレワークを一度経験した日本社会は、その方が利便性と効率性、経済性が高いことを実**

感してしまったのです。

2 一時的なブームでは終わらない

では、次の質問をさせていただきます。

Q：新型コロナウイルス禍が収束し、各種の自粛要請が解かれた後の世界をイメージしてみてください。以前のようなビジネス環境に戻るとお考えでしょうか？

「そりゃ、そうだろう。戻るよ」、「戻らないと困る」

皆さん、そのように回答されると思います。

確かにある程度、リアルで面談したり、打合せをしたり、会議をする機会は増えると思います。しかし、非常事態宣言の前の水準まで戻ることは無いとお考えください。

なぜなら、

- **場所と距離を考えなくてもコミュニケーションが取れる**
- **移動時間もコストも抑えられる**

・ムダな面談や会議が減り、仕事の効率が高まった

このように考えておられるビジネスマンが多いからです。つまり、感染リスクが無くなったとしても、この合理的かつ効率的な働き方を旧来の方法に戻すことはないのです。**もう、ビジネス環境は元通りにはならない。**そう言い切って良いのです。

今なら変革の波に乗ることができます。近い未来、おそらくここ1、2年でこの流れは加速度的に進みます。テレワークを実施しているビジネス環境が「当たり前」になる時代が来ると考えて、それに備える取組を始めるべきなのです。

3 「コロナ」を口実に、顧客が営業マンと会わない選択をしている？

今、私がこの章を書いているのが、2020年9月下旬、新型コロナ感染拡大の第二波が収まったタイミングです。私は、今年の4月からオンラインセミナーを開催しており、9月に実施した受講者の皆さんのアンケート結果がこちらです。

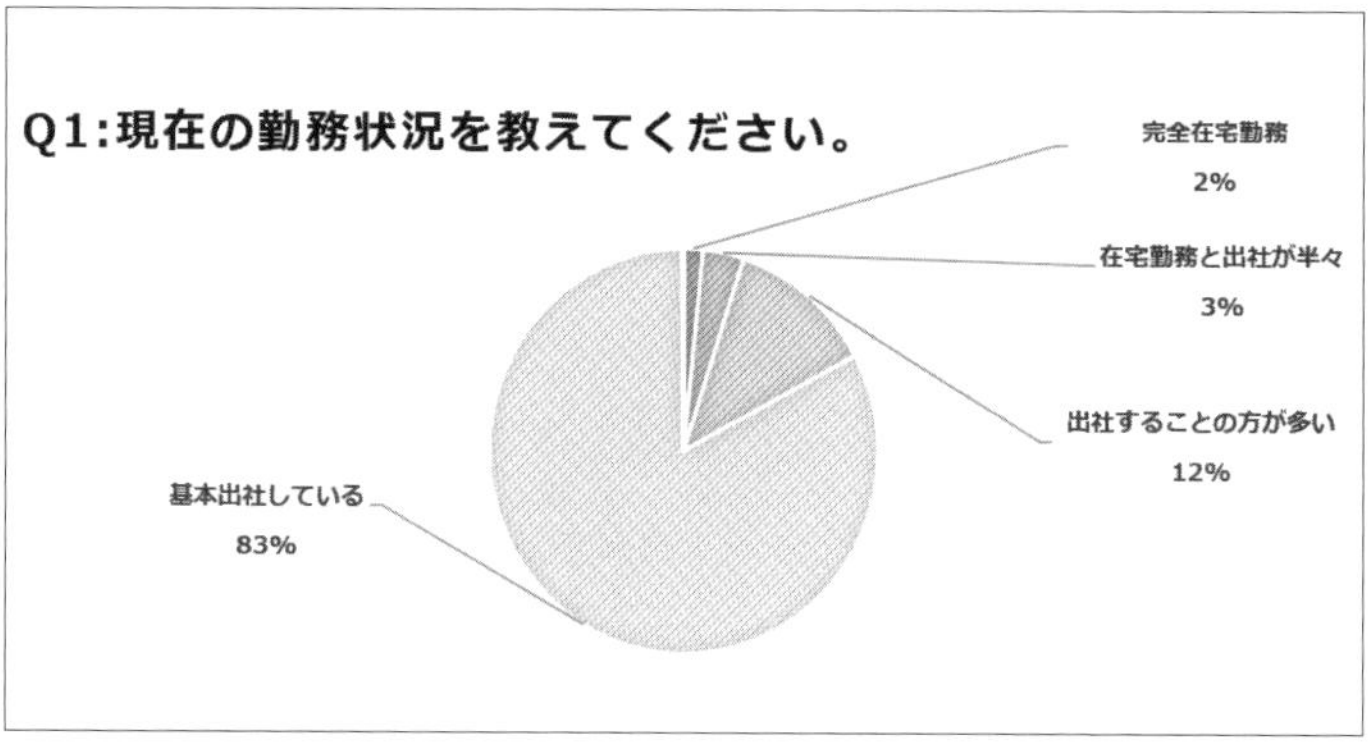
Q1:現在の勤務状況を教えてください。
完全在宅勤務
2%
在宅勤務と出社が半々
3%
出社することの方が多い
12%
基本出社している
83%

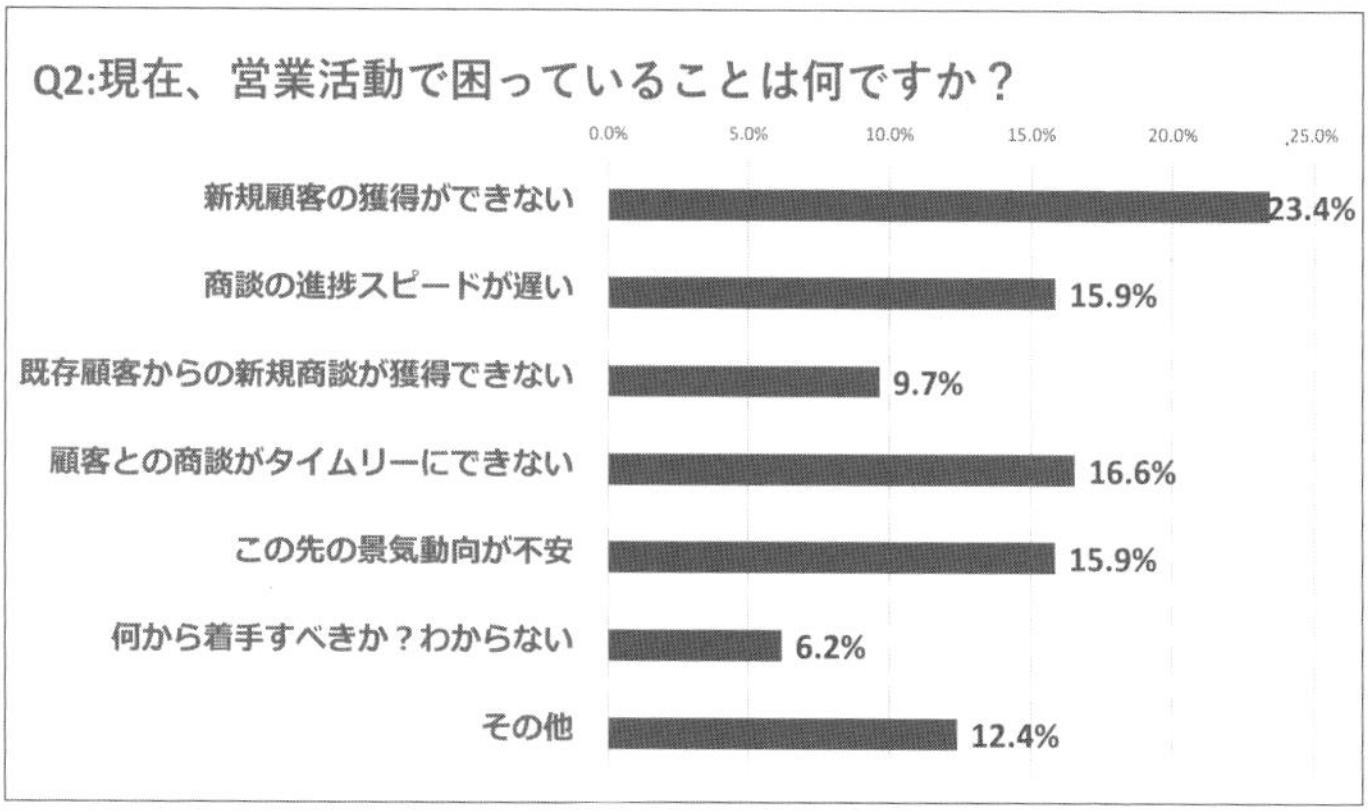
Q2:現在、営業活動で困っていることは何ですか？
0.0%
5.0%
10.0%
15.0%
20.0%
25.0%
新規顧客の獲得ができない
23.4%
商談の進捗スピードが遅い
15.9%
既存顧客からの新規商談が獲得できない
9.7%
顧客との商談がタイムリーにできない
16.6%
この先の景気動向が不安
15.9%
何から着手すべきか？わからない
6.2%
その他
12.4%

Q1では、「基本出社している」と回答した比率が80%を超えています。回答者には首都圏や関東圏の企業も多数含まれています。

2020年6月の東京商工リサーチの調査では、56・42%の企業が「テレワークを実施している」と回答していました。この3ケ月で、テレワークは一部の企業を除き、ほぼ「やめた」ことが分かります。

Q2では、「営業活動で困っていることは何ですか?」との設問に、「新規顧客の獲得ができない」を筆頭に「商談がタイムリーにできない」、「商談スピードが遅い」と続きます。

私は、この二つのアンケート結果を見た時、違和感を覚えました。

「テレワークをやめている企業は多いが、営業活動はやりにくくなっている?」

多くの企業がテレワークをやめて、基本出社しているにも関わらず、新規顧客のアタックが上手くいかないばかりか、タイムリーに営業活動ができなかったり、商談スピードが落ちたりしているのです。

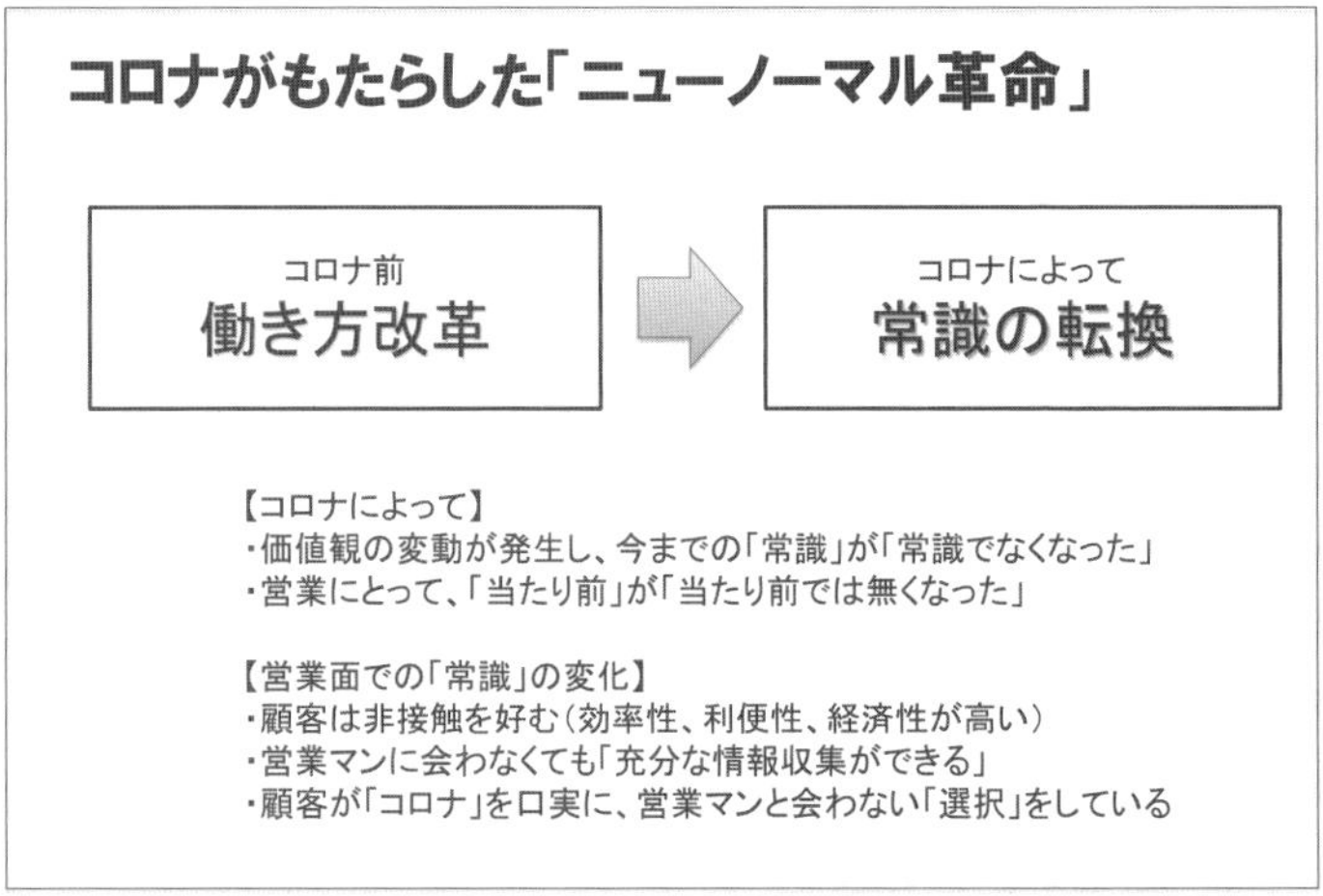
コロナがもたらした「ニューノーマル革命」
コロナ前
働き方改革
コロナによって
常識の転換
【コロナによって】
・価値観の変動が発生し、今までの「常識」が「常識でなくなった」
・営業にとって、「当たり前」が「当たり前では無くなった」
【営業面での「常識」の変化】
・顧客は非接触を好む（効率性、利便性、経済性が高い）
・営業マンに会わなくても「充分な情報収集ができる」
・顧客が「コロナ」を口実に、営業マンと会わない「選択」をしている

ということは、

・コロナを口実に、会う必要のない営業マンとは会わないという選択を顧客がしている

・営業マンと面談しなくても「充分な情報収集ができる」

・情報収集～購買行動の一連を「非接触」で行っている可能性がある

このような変化が営業マンの気付かないうちに、顧客側で発生しているのではないでしょうか？　この仮説を皆さんの営業活動に当てはめて考えてみてください。おそらく、多くの事象が当てはまるのではないでしょうか？

これが**「テレワーク時代」の顧客の行動**なのです！

実際にテレワークを実施している、実施していない、は関係ありません。今までの「常識」が「常識ではなくなった」、「当たり前」が「当たり前でなくなった」、コロナがもたらした、「常識の転換時代」と考えるべきです。

これは、**顧客の価値観が変化した**とも言えます。営業マンと会う価値が変わり、価値のある営業マンとしか面談しない、時間と場所を共有しない選択がされています。

4 営業の役割が大きく変わる

「意味のある情報提供や提案をしてくれる営業マンとしか面談はしない。したくない」これがテレワーク時代の顧客心理です。

実際に価値があると認識した相手とのみ、Ｗｅｂかリアルな面談を行い、それ以外は非面談のコミュニケーションで済ませてしまうのです。

その割合は20：80になります。なぜこの割合になるかと申しますと、緊急事態宣言発令中の状況を思い出してください。

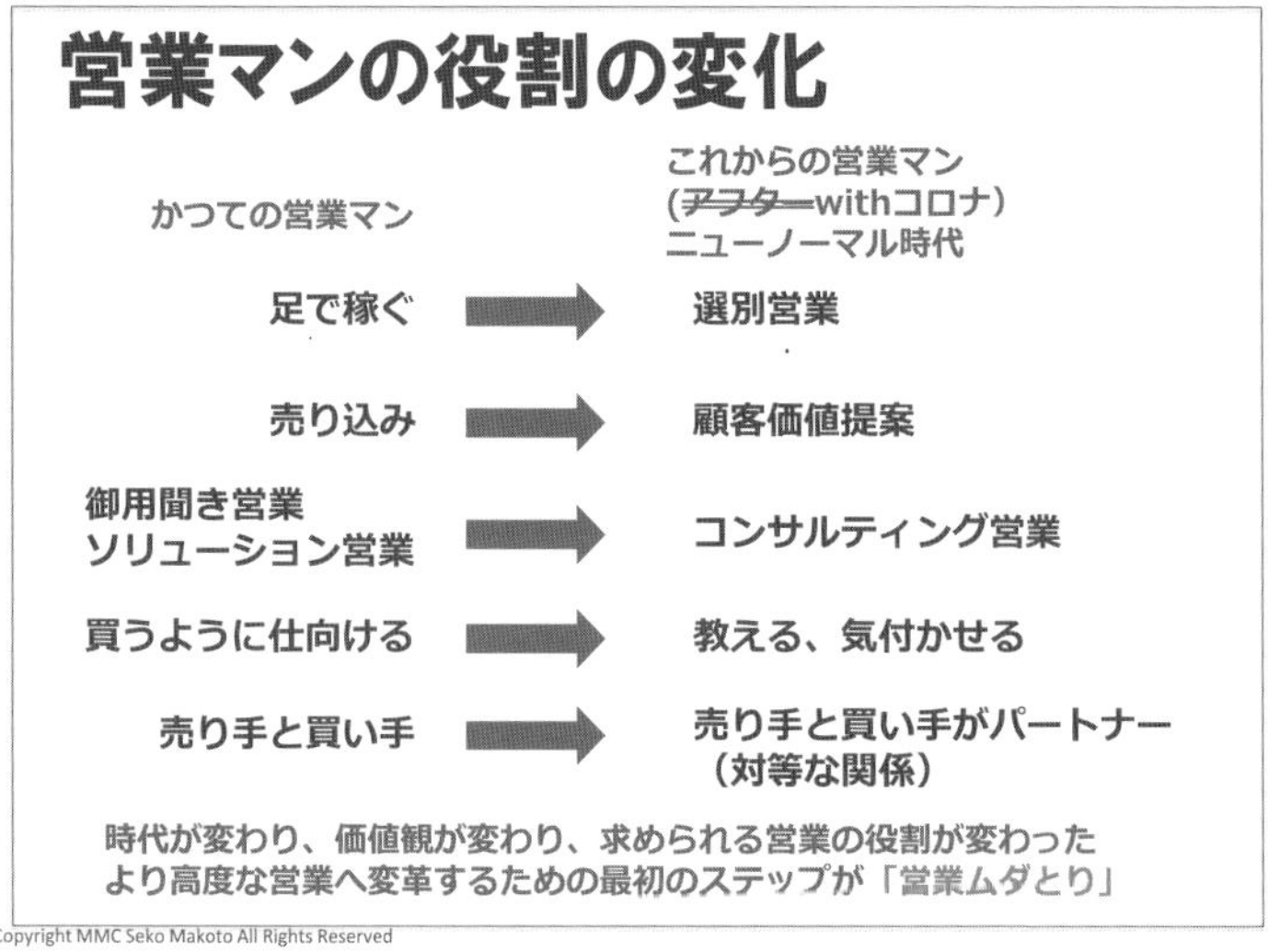

かつての営業マン		これからの営業マン (~~アフター~~withコロナ) ニューノーマル時代
足で稼ぐ	➡	選別営業
売り込み	➡	顧客価値提案
御用聞き営業 ソリューション営業	➡	コンサルティング営業
買うように仕向ける	➡	教える、気付かせる
売り手と買い手	➡	売り手と買い手がパートナー （対等な関係）

時代が変わり、価値観が変わり、求められる営業の役割が変わった

より高度な営業へ変革するための最初のステップが「営業ムダとり」

当時、政府は「80%の人と会う機会を減らしてください」と国民にお願いしたのです。その要請を国民が守り、感染拡大を防ぐことができました。この時、多くの国民は、「80%の人と会わなくても生活していける」と実感したのです。

ビジネス面でもこの状況は同じでした。20%の会うべき人に会うだけで仕事は進めることができる。逆に言えば、80%の人とは非接触のコミュニケーションで充分だということを、実体験として理解したのです。

つまりこれからのテレワーク時代は、**お客様の20%の「会うべき人」に選ばれないといけない**ということです。**そのためには今までの「営業マンの役割」を大きく変える必要があります。**

前頁の図表をご覧ください。
左側が「かつての営業マンの役割」、右側が「これからの営業マンの役割」として整理した図です。順番に解説しましょう。

◆下手な鉄砲でも「狙いを定めて」打つべし！

かつては「足で稼ぐ」ことが良しとされていました。しかし、これからの営業マンは、「足」は使うけれど、選別して使う「選別営業」が求められます。なぜなら、顧客の会うべき20％のゾーンに入り込むには、全方位的な営業では通用しないからです。今までのやり方では「物理的に無理」なのです。だからこそ、「選別営業」を行い、手間と時間と頭脳を集中させ営業を行うことが必須になります。

また、営業の内容も変える必要があります。かつては商品やサービスの特徴を説明し「売り込み」を行うことが営業マンの役割でした。しかし、これからの時代は「顧客価値提案」、つまり**その商品やサービスを顧客が利用することで得られるメリットを訴求する**ことが求められます。

すでに解説した通り、今やＷｅｂ上で様々な情報を入手できるわけですから、顧客にとってメリットがある特別な情報や提案を提供できる営業マンでなくては、時間を割いてまで会う価値はない、と判断されてしまうのです。

◆「モノ」を売るのではなく、「コト」を売れ！

「毎度、おおきに、何かお困りごとはございませんでしょうか？」

このような「御用聞き営業」や「ソリューション営業」はすっかり過去のものになってしまいました。お困りごとがある顧客は、既にWebで検索しています。お困りごとを聞きに行っているようでは手遅れになってしまうのです。

ですから、これからの営業は、

- **お客様のお困りごとを言い当てる。**
- **お客様が気付いていないお困りごとを問題や課題だと気付かせる。**
- **お客様と一緒に新たな課題や問題を創り出す。**

そんな、**コンサルティング営業を実践することが新しい役割になります。**

売り込むのではなく、**お客様に様々な情報を与え「教え、気付かせる」行為を営業活動の中で実施する**ことが求められます。そういう営業活動を行っていると、顧客と営業マンの関係性が変化していきます。

◆売り手と買い手がパートナーになる

売り手が下手（したて）に出て、お願い営業をするのではなく、顧客と営業が対等な関係になるのです。どちらが上（うえ）とか下（した）ということは関係なくなります。もちろん、顧客と営業だけではなく、会社対会社が対等な関係になっていきます。

このように、コロナにより価値観が変わり、求められる営業の役割も変わりました。この必要性に気付き、自ら変革を促す営業マンと企業だけが、生き残るのです。

5 最初の取組みが「営業ムダとり」

テレワーク時代に売上を向上させるために営業の役割を変え、より高度な営業へ変革するために、最初に取組むべきことが**「営業ムダとり」**です。営業活動や業務の中に存在する「ムダ」を特定し除去することで、余剰工数や余剰時間、心的余裕を作り、新たな役割を果たすべく活動することが重要なのです。

私は2018年から、日本で唯一の「営業ムダとり」コンサルタントとして、活動を行っています。この活動を行うきっかけは、「営業マンが疲れ切っている」、「前向きな気持ちで営業活動をしていない」というケースをたくさん見てきたからです。

「もっと、ワクワクした気持ちで、モチベーション高く営業活動をして欲しい！」私は彼らを見て、心から思いました。

そのためには、本来営業マンがやるべき以外の仕事を減らすことが必要だと考えたのです。それが「営業ムダとり」です。

ムダをとらずに、あれもこれもと、新たな戦略・戦術を盛ると、結局何も手付かずで、何も変わらないという結果に終わりがちです。

まずはムダをとり、本来やるべき事に頭脳と時間と足を使うのです。そうすると当然のことながら、今までより高い成果が出るようになり、営業マンが楽しく、ワクワク活動ができるように進化していくのです。

6 世古式「営業ムダとり」【捨・断・離】3つのStep

緊急事態宣言発令中、私は家内の奨めもあり、家の中にあった洋服と本を「断捨離」しました。

「断捨離」とは、作家のやましたひでこさんが出版した書籍『**新・片付け術 断捨離**』（マガジンハウス）のヒットから広まった言葉で、今は一般に「思い切って無駄なものを捨てる」というような意味で使われていますが、元は〝ヨーガ〟の思想からきたものだそうです。

断捨離を行うと、様々な良い影響があるといわれます。私も、洋服と本を断捨離して、気持ちが晴れ晴れし、生活も快適になり、生活の効率も上がりました。

本棚はかなりのスペースが確保できたので、ネット書店で大量の本を購入し、緊急事態宣言中に新たな情報の収集ができました。

断捨離を行うことで、ムダなモノを排除して、新たなアクションに取り掛かることができるのです。家でも、仕事でも、営業でも、「断捨離」は必要です。私が、「営業ムダとり」を最初に行って欲しい理由はここにあります。私が提唱している**「営業ムダとり」＝「営業の断捨離」**なのです。

ただし、**「営業ムダとり」で断捨離を実行する場合の順番は「捨・断・離」の順序**で行ってください。言葉間違いのように感じるかもしれませんが、**最大限の効果を出すためには、この順番で実践する必要がある**のです。

「営業ムダとり」の取組み方法については、今後の章で具体的にご説明します。

テレワーク時代に売上を向上させるために、まず営業の「断捨離」を断行しましょう。もちろん、私がお手伝いしていきます！

コラム

セールスマンだった私が、なぜテレワーク営業エバンジェリストになったのか？
～世古誠ストーリー（大学～現在までの半生）

私は、大学卒業以来、ずっと営業畑を歩んできました。最初のきっかけは、新卒で入社した関西日本電気株式会社での新入社員研修です。そこで出会った外部講師が、私にこう言ったのです。

「世古君、君はなぜ、この会社に入ったんだ？君は営業が向いていると思うが、この会社には営業部門がないぞ。子会社には営業部門がある会社があるから、君はそこで営業としてやれば良い。絶対成功すると思うよ」

そんなことを言われても、大学を出たばかりの私は、「へぇ？」です。そして、研修が終了した入社三ケ月後、その営業部門のある子会社への配属が決定したのです。

最初から分かっていれば、他の就職先にしていたのに・・・と当時はそう思いました。これが私の運命の分岐点のひとつ目です。

その子会社は当時のニチデン機械株式会社で、その後ＮＥＣマシナリーになり、今はキヤノンマシナリー株式会社になっています。

当時の営業は昔ながらの「足で稼ぐ営業」、「人間関係第一」の営業スタイルでした。

今でも忘れられないのが、お客様に叱られることがとても多かったことです。

「約束を破るな！」、「こんなことも知らないのか！」、「上司を連れてこい」

他にもここには書けないような強い言葉で叱責されたものです。

今から考えると、その叱責で自分は鍛えられました。現在、人前で営業指導をするまでに成長できたのは、当時のお客様や上司が厳しく指導してくれたおかげだと考えています。しかし当時の私は、「そこまで言わなくてもいいのに・・・」とへこむこともありました。

この会社は、いろんなチャレンジを自由にさせてくれました。新規開拓営業から、重点得意先の担当まで、やりたいと言えば何でもやらせていただけました。おかげで様々な業務改善を実践できました。

当時はようやく営業マンがポケットベルを持ち歩くようになった頃で、ＩＴ化の前段階の時代でした。見積書をワープロで打つのですが、ワードプロセッサーが二台しかなく、先輩が見積書を作成していると、終わるまでずっと順番待ち。若い私はイラチでしたので、それが嫌で嫌で仕方ありませんでした。

そこで、パソコンを導入して、電子メールを始めて、ワープロの見積書をパソコン化して、最後にはＳＦＡ（営業支援システム）を当時の社長を説得して導入したのです。いわば、その会社で営業効率化、ＩＴ化を推進したのです。

私より若い方は知らない言葉が一杯出てきたと思います。すみません。しかし、これらの道具やツールは今や当たり前のものになっています。当時の私は先を予測して導入したわけではありません。効率を上げたい、もっと早く帰りたいという熱い想いから導入したのです。お陰で仕事の効率も格段に向上して、大好きな阪神タイガースのナイターを楽しむ時間も増えました。

順風満帆に事業拡大していった矢先、半導体不況がこの会社を襲いました。中国やアジア諸国の台頭で半導体市場が縮小していったのです。私の賞与も少なくなり、家内から「ちゃんと賞与をもらえる会社に変わったら？」と言われる始末。

私はＩＴ化を推進した時に、ＩＴ系の資格を取得していたので、それを武器に転職活動を行いました。当時の私の武器と言えば、「資格（当時の上級システムアドミニストレーター）」「営業力」「改善力」でした。様々な業種の企業を検討しましたが、自分の武器をフルに発揮できる転職先はどこか？　と考え、株式会社N－コンサルティングにお世話になることにしました。

半導体業界から、コンサル会社への転職。これがふたつ目の私の運命の分岐点でした。

株式会社N－コンサルティングと言えば、某有名芸能人を広告塔に宣伝をしている会社ですから、ご存知の方も多いと思います。ここで私はSFA（営業支援システム）の販売・導入を中心にした営業コンサルティングを展開していくことになったのです。

前職でもSFAを導入した経験があったので、楽勝で売れると思っていました。ところがそう甘くはありませんでした。

今思えば、私は「システムの機能」を売りこもうとしていたのです。なかなか売れずに悶々としていたとき、新大阪駅の近くのお客様からお電話をいただきお伺いすると、「すぐに買う」と言われたのです。もう、即決でした。嬉しかったです。今でも忘れません。

「なぜ、即決して下さったのですか？」と聞いてみたら、「手書きの日報を営業マンが時間を掛けて書いている。それが効率化できて営業マンが楽になるからだよ」と教えていただきました。つまり**業務改善をしたいから購入する**ということです。誰から教えてもらったわけでもなく、お客様の言葉から営業には何が必要か偶然にも発見したのです。

それから、私は常にお客様が何を求めているか？　これを使えば何がどう良くなるのか？　それを考え、それらのメリットをお客様に気付かせる営業にスタイルを変革させました。おかげで営業面での成績はTOPになり、お客様からの信頼もたくさんいただくことができました。

その後、それらの営業成功ノウハウとSFAの活用法、自分の部下指導の実践ノウハウをセミナーや研修で語り、ご指名があれば個別の企業のコンサルティングや研修もさせていただけるようになりました。半導体業界の「いち営業マン」が、数年で「企業研修の講師」として活躍することになったのです。

　これらの貴重な経験のおかげで、あらゆる業種・職種、あらゆる営業手法を知ることができたことが今後の自分の財産となりました。


　順風満帆に思える第二のビジネス人生でしたが、徐々に独立したいという意識が私を支配し始めます。

「もっと全般的な経営指導をしてあげたい」

「もっと成果にフォーカスする経営指導がしたい」

「現場に寄りそう、コンサルティングがやりたい」

　そして、遂に2018年2月25日に独立開業をすることになりました。ここが私の運命の分岐点の三つ目です。

　最初の1年目は、大変苦労しました。前々職での営業経験と前職のコンサルティングや研修の実績を活かせば契約は獲れると思っていましたが、同業者はごまんといるわけです。実績だけではメシが食えないことを実感しました。

　そこで、志師塾というビジネススクールにお世話になることにしたのです。ここでの学びのおかげで、自分独自のポジショニングを確立でき、お客様を獲得する仕組みを整備できたのです。


「営業ムダとり」®コンサルタント。

　これが私独自の「**尖がりポジショニング**」です。

　今までの経験と実績を加味し、営業マンをワクワクさせるためには、「営業ムダとり」が最優先課題であることを発見したのです。これは誰も提唱していない、独自のコンサルティング領域でした。

　セミナーでその重要性を訴え、研修で実践方法を解説することを始めたのです。すると、ご契約いただける企業が次々現れたのです。

「営業ムダとり」は成果に直結するコンサルティングなので、実践企業の数社で直ぐに成果が出ました。生産性が高まり、営業マンがワクワク仕事をしてくれて、業績も向上していきました。

　実践企業へは可能な限り現場に入り込む手法を取りました。机上の空論を唱えるのではなく、経営幹部や営業マネージャーと一緒になり議論し策を実践しました。これによりお客様の変化や市場の変化、新たなビジネスのアイデアが直ぐ耳に入ってくるようになりました。

「営業ムダとり」コンサルティングでは、ムダを除去していきつつ、新たなビジネスの展開までお手伝いしますので、顧客の一歩先や市場の一歩先を見据えることがとても重要です。それらの取組みもお客様と一緒になり進めていきました。

そんな中、突然、**新型コロナウイルスの流行**が始まったのです。

市場は一変しました。

私の元へは、様々な企業の経営者から、様々な問い合わせやご相談が毎日来るようになりました。そこで、私の得意分野のＩＴ知識と営業経験、先見性と破天荒な思考力を活かし、自分で調べ、考え、予測して、アドバイスをさせていただきました。

すると、指導先の企業の業績の落ち込みが止まったり、新たなビジネスデモルへの変革に成功する企業も出てきました。

これらの指導内容をノウハウとして体系化して情報発信すれば、先の見えないコロナ禍で困っておられる企業の経営者や営業マンのお役に立てるのではないかと考え、オンラインセミナーを開催するようになりました。

そこで「テレワーク営業エバンジェリスト」と自ら名乗ったのです。

すると、さらに多くの企業から、営業にまつわる様々な相談が舞い込むようになり、今回の書籍出版への流れとつながっていきました。

「ピンチはチャンス！」これは初めて営業をした時の担当役員がよく口にしていた言葉です。

29年の営業人生、何度も苦難に遭遇しながら生き延びてきましたが、この言葉が今ほど身に染みたことはありません。

苦難な時こそ、これまで蓄積したノウハウを発信し、世の中のお役に立つチャンスなのです。私が命を受けて、今存在する意味のような気がします。

最後に、私の好きな言葉をご紹介します。

「売り手よし、買い手よし、世間よし」

この三方よしの精神で今後も精進して、世の中のお役に立てるよう、仕事を続けて参りたいと思います。

第2章

ここが違う！「営業ムダとり術」が成果をあげる9つの理由

本章から「テレワーク時代」に売上を向上させる方法を説明していきます。

これは、コロナ禍中に私のクライアント企業、つまり指導先の企業での実践を通じて学んだ法則です。

また、今から説明する内容は、**「順番通り」に実践していただくことがとても重要**です。必ず順序にこだわって実践するようお願いします。

1 自社のドメインを再定義せよ！

第一章でご説明したように「テレワーク時代」においては、**顧客は自分にとって価値のある20%の営業マンとだけ面談し、それ以外の80%の営業マンとは非接触**という選択をするようになります。

顧客にとって意味のない商談や情報提供をしたり、自己都合の売り込みに終始したりすると、「会わなくて良い営業マン」という烙印を押され、下手をすると職を失いかねません。**一刻たりとて油断できない、営業マンにとっては非常に難しい時代**に突入したのです。

今までの常識だった、訪問頻度が多いとかお客様と地理的に近い、というような「付加価値」では、これからは勝負できません。まさに、変革の時が「今」なのです！　営業マンは自分の「付加価値」をどこに求めるのか、どう発揮するのか。ここをよくよく考えて、自ら営業活動や営業姿勢や意識を変える必要があります。

・営業マンとして、あなたは何を目指しますか？
・あなたは、お客様や仲間から「何で覚えられたい」ですか？
・あなたの10年後の姿をイメージしてください
・あなたのビジネスのゴールは何ですか？
・あなたの人生の目標は何？

このような質問で自らを「セルフコーチング」し、**営業マンとして自分が発揮すべき付加価値は何かを、再定義**すべきです。

同様に、**企業のドメイン（活動領域）も再定義**が必要です。

・企業として、今の環境変化に伴い、何を目指すか？
・企業として、地域社会や市場で「何で覚えられたい」か？
・企業のこれからの10年後をイメージしてください
・企業としてのゴールは何ですか？
・企業としての目標は何ですか？

これらの質問を突き詰めて考えていくと、企業も営業マンも最後は結局「志（こころざし）」の部分に行きつきます。

つまり**「営業マンとしての在り方」、「企業としての在り方」、それらを支える「志」を、今の市場環境を鑑み「再定義」することがテレワーク時代に売上を向上させる「営業ムダとり術」の最初の検討すべきこと**なのです。

ここ数カ月のネット広告やメルマガを見る限り、どうも日本の企業や営業マンは「手段」に走り過ぎているように思います。動画を作ろう、メルマガを発行しよう、ホームページの改変をしよう、ＡＩを使おう・・・どれも間違いではないでしょうが、流行の手段に闇雲に飛びつく前にやることがあります。

「志」を再定義し、ドメイン（活動領域）を策定し、付加価値をどこで出すのか、どこで差別化するのか、という検討をすべきです。この検討はとても重要です。すべての戦略の拠り所になるからです。

2 実績データは真実を語る

成功法則のその2は『実績データを確認すること』です。
実績データと一言でいっても、様々なデータがあるでしょう。

会社全体の売上・粗利実績
部門別の売上・粗利実績
売上・粗利の個人別実績
顧客別売上・粗利実績
商品（案件）別売上・粗利実績
営業活動の活動実績
KPIの実績

他にも業種によっては様々な実績データが存在します。

まずは可能な限りの種類の実績データを集めて、全体を俯瞰して眺めてみてください。実績データは事実に基づく結果ですから、「真実」を語ります。実績データには「ウソ」は存在しないのです。きっと、何かの気付きがあります。

可能であれば、3年もしくは5年分のデータを並べて俯瞰してみてください。さらに多くの気付きが発生します。

例えば、売上と利益の関係性、顧客別のバラツキ、商品によるバラツキが見えてきます。頑張って外回りをしているが、なぜ効果がでないのか。その活動の傾向や偏りが俯瞰することで分かってきます。

実績データの真実から見える実態を直視することが重要な作業なのです。これまで実績データを確認していなかったという方は、よく考えてください。『真実』を掴まずに次の営業活動を実りあるものにすることが可能なのでしょうか？　今までの自分の活動の振り返りをする意味で、この作業は必ず実践すべきです。

さらに、この実績データの確認を定期的に実践することで、大枠での傾向を捕まえることができ、傾向に対する仮説を組み立てることが可能になります。

「全社売上は順調に伸びているが、自分の売上が伸びていない。それは大口の顧客に時間と工数を取られ過ぎているからではないか？」

「自分の売上は伸びているが、獲得粗利額が目標を下回っている。競合の価格戦略に翻弄されすぎているのではないか？」

「ある特定の商品の獲得粗利額が突出している。この商品をもっと拡販すべきではないのか？」

こういう気付きと仮説を、営業マンである「あなた」が持つことが大事なのです。漠然と数を当たる営業を卒業したいなら、実績データを収集すること、それらを俯瞰することを実践してください。

3 分析からはじめる

実績データを俯瞰することで様々な気付きが発生します。次のステップでは、その気付きをデータ分析することで、より明確にしていきます。

気付きが出てこない場合は、あれこれ考えずに先にデータを分析するといいでしょう。先ほどは集めてきて俯瞰しただけですが、今度は様々な角度からデータを分析するのです。

顧客別売上額VS粗利獲得額
営業担当者別売上額VS粗利率
商品（群）別売上額VS粗利率
案件（物件）別売上額VS獲得粗利額
案件（物件）別受注・失注要因
等々・・・

こちらも業種によって分析の指標が異なりますが、概ねこれらの分析手法を活用します。

まず、「真実」である実績データを俯瞰した後に、なぜ分析が必要なのか？　という点について考えてみましょう。

私は、実績データの分析が必要なのは**「ムダ」なものを特定し除去するため**だと考えています。

少し実例を使ってご説明します。例えば、商品の売上額ＶＳ粗利率の分析をすることで、売上額は稼げているが、粗利（つまり儲け）が獲得できていない商品が特定できます。

いくら売上額が稼げていても、粗利率が低ければキャッシュ（現金）が残りません。このようなにキャッシュを産まない商品は「ムダ」と特定し排除するのです。

乱暴と思われたかも知れませんが、私はこの分析による「ムダとり」を複数の企業で実践し、成果を挙げています。実績データから分析を行うことでムダを取り除き、効率化を図るのです。

4 ムダなモノを特定し、狙いを絞って一点突破

ここで、とても素朴な質問をあなたにさせていただきます。

Q：営業マンにとって、「ムダなモノ」ってどんなモノがあると思いますか？

- 受注につながらない訪問
- 成果の出ない出張
- 結論の出ない会議
- 無意味に長時間なミーティング
- 見返りの無い接待

挙げればキリがないかもしれませんが、みなさんが今イメージされたモノ、これらは全て「ムダ」なのです。

テレワーク実施前は「ムダだと分かっていても、昔の慣習でやっていた」という事も多かったでしょう。しかし、テレワーク時代に突入して状況は一変し、ムダなモノは徹底的に排除しなければいけなくなりました。

では、「ムダ」と「必要」の分かれ目、基準はどこにあるのでしょうか？

実は、このポイントが非常に重要なのです。「ムダなコト」はコトを進めてから、結果論として「ムダだった」と分かる場合が多いのですが、それを「コトを進める前」から取り組まないようにすれば、より効率が上がります。ムダを特定し排除することに成功すれば次は、「狙いを絞って一点突破」を進めていけることができるのです。一点突破とは、ターゲットを絞り込み、経営資源を集中させることと考えてください。

例を使って説明しましょう。商品の売上額は少ないが、高粗利率を獲得する商品があると分かった時、この商品をどのようにしてもっと販売していくのかに狙いを絞ります。商品数が多い企業の場合は、拡販を積極的に行う優先順位を上げるのです。

「いやいや、ちょっと待ってください。絞らずに全商品を販売展開する方が、販売機会が拡大するのではないのですか？」

「下手な鉄砲も数を打つことが大事なのでは？」

このような批判もあるでしょう。

全方位的に販売展開することは間違ってはいません。しかし、同じコストや工数を掛けて販売するのに、獲得できる粗利額に大きな差があるとすると、どうでしょう。

そもそも粗利があまり獲得できない商品なら、販売展開する意味が本当にあるのでしょうか？　営業マンが時間を掛けて売り込みをする事が正しいのでしょうか？　よくよく考えてみてください。

テレワーク時代の営業を成功に導くには、**ムダなモノを特定し排除して、狙いを絞って一点突破することがとても重要**です。案件型営業スタイルの業種の方には「一点突破」は理解しやすいでしょうが、それ以外の業種の方でも、まずは「絞り込む」ということを意識してください。

そのために、お客様も商品も案件も業務も同じように、分析により「ムダ」と「必要」の切り分け、つまり棚卸しをすることが必要なのです。

5 「モノ」を売らずに「コト」を売る

営業研修を受けた経験のある方は、この言葉を一度や二度はお聞きになったことがあるでしょう。テレワーク時代になり、ますますこの考え方の重要性が増しています。

従来の「モノ売り営業」、つまり商品の機能や特徴を提案と称して説明するだけの営業行為は、もう顧客にとってあまり価値のないものになりました。

「モノ」についての情報は既にネットに溢れており、顧客自身が納得いくまで調べ、価格や性能を比較し、購入から納品までの一連の作業をネットで完結させることができるようになりました。詳細な商品の機能やサービスの特徴を説明するのは、動画で充分です。

営業の価値を高めるためには、「コト」を売ることに、頭脳と時間を投じるべきです。

「なぜ、このお客様にこの商品を提案するのか？」

そこを売り手側がしっかり考えることが必要です。

思考が浅いと、提案や企画が上手く受け入れられず、お客様から見切られてしまい、80％の「会わなくていい人」だと認定されてしまう可能性があります。テレワーク時代の営業は一回一回の面談が勝負と考えて「一点突破」を図るべきです。

あなたの営業行為が単なる「モノ売り営業」になっていないか？　今一度点検してください。この部分の詳細説明は第七章で行います。

6 全ての起点は「顧客視点」

次に、顧客価値を考えるポイントをご説明します。

「ウチのこと何もわかっていないんですね？」
「もう少し、業界のことをお調べになってからお越しください！」

営業をしていると、こんな、辛辣な言葉で追い返されることは少なくありません。

私自身、若かりし頃には何度も苦い思いを経験しています。ふり返ってみると、その当時は私も「モノ売り営業」をしていた記憶があり、自社都合の商談ばかりで、お願いして無理やり押し込むような営業をしていたと思います。

自社視点ではなく「顧客視点」で考えること。ここが全ての戦略の起点なのです。

・お客様が目指している理想像は何か？
・お客様は今、何を課題としているのか？
・お客様の現状のお困り事は何か？
・お客様のメインの仕事は何か？
・お客様が将来お困りになる事は何か？

このような視点で、「あなた」がお客様の代理人として考えられれば、的外れな商談をすることは無くなり、冒頭のような辛辣な言い方をされることも減るでしょう。

よく陥る罠は、最終的なGOALから逆算して顧客視点を考えてしまうことです。

商談していると、どうしても「売り込んでやろう」と潜在的に考えてしまい、自己中心的な視点にすり替わってしまうことがあります。つまり、自社の商品やサービスを最終的には受注することを先にセットして、そこから逆算で顧客視点を考えてしまうのです。

テレワーク時代の「営業ムダとり術」は、顧客視点で「モノ」ではなく「コト」を売ることを予め組み立てておくことを重要としています。

一旦、売り手である、自社の都合、自分の都合は「0」にして考えること。これができない人が多いのでご注意ください。

7 「見える化」と「記憶化」

ここまでの組立てができたら、あなたの考える提案なり訴求内容をお客様に開示していきましょう。今までの営業活動であれば、アポ電話を入れて、訪問するという手順でしたが、テレワーク時代はアプローチ方法を変える必要があります。

重要なポイントは「見える化」と「記憶化」です。

お客様には、洪水のようにデジタル情報が日々押し寄せています。この膨大な情報の中から選ばれ、見ていただき、記憶に留めていただくにはどうすればいいのか？

商材や顧客の特性によっても様々ですが、動画やメールSNSなどを使って「見える化」して配信していく方法をお勧めします。ただし、単なる商品説明メールやイメージ動画だけでは、お客様の記憶には残りません。

「ウチのことを本気で考えてくれている」
「業界のことをとても熟知しているな」
「まさにウチの困り事を言い当てたな」
「私の購買代理人になってくれそうだ」

こんな風に思わせ、記憶に留めてもらうことがとても大切です。つまり、**1to1の「あなただけのメッセージ」**として、受け取ってもらえる動画や文書であれば、唯一無二の貴重な情報として開封率も高くなり「記憶化」につながります。

これらの詳細説明は第六章で触れたいと思います。ただし、私はyoutuberでもないし、動画編集のプロでもありませんので、考え方だけを披露することにします。

8 動画やＷＥＢ面談を多用せよ

動画作成についての注意があります。テレワーク時代になって、無策のまま動画を作成し、漠然とした訴求をしてしまうケースが散見されます。

ここまでの「営業ムダとり術」を順番に検討し実践して、誰に向けて何を訴求するための動画なのか？　を明確にしてから動画制作に着手してください。

併せて、どの商談プロセスで動画を効果的に活用するのかを予め設計しておくことがとても重要です。手あたり次第に動画を送り付けるのは得策ではありません。

例えば、

動画→メール→電話→Ｗｅｂ面談

メール→動画→電話→Ｗｅｂ面談

動画（動画の中に行動要請を盛り込み）→エントリー→Ｗｅｂ面談

様々な商談のプロセスが設計できます。このプロセス設計の解説は、第六章で詳しくさせていただきます。

いずれにせよ、動画での訴求が終われば、Ｗｅｂ面談の申し入れをして、ＯＫが出れば動画訴求は一定の効果があったということですし、ＮＯなら動画訴求が受け入れられなかったということです。

Ｗｅｂ面談でもリアル面談でも「会う」という場面になるまでに、ある程度お客様に「成功イメージ」を与えておくことが重要です。この辺りの顧客心理については、第六章で詳しく解説します。

Ｗｅｂ面談はどんどん活用するべきです。こちらもわざわざ出向く時間と移動コストを低減できますし、お客様側も面談効率はリアル面談より数倍高まります。

来てほしいというお客様からの要請が来ても安易に応じず、まずはＷｅｂ面談を行い、実際にリアルで面談するタイミングは最終段階と位置付けておくのです。顧客側にもそのつもりで面談するように、うまく情報発信をしていきましょう。

9 営業マンの付加価値を最大限高める

ここまで第二章で説明してきた順序通りに「営業ムダとり術」を実践することで、他の営業マンと差別化できることは間違いありません。私が保証します。

では、差別化できるとどのような効果があるのか？　一言でいうと、あなたの**営業マンとしての「付加価値」が高まる**のです。

顧客側から「あなたに会いたい」、「あなたから買いたい」と言ってきます。
顧客は、あなたを対等な関係として尊重し、継続的にお付き合いしてくれます。

あなたが、本気で今までの営業マンとしての考え方や活動の方法を一旦捨てて、素直な気持ちで「実践」することで、これらが現実のものとなります。

なぜなら、他の営業マンはまだ「営業ムダとり術」を知らないからです。

偶然にもこの本を手にして、ここまで読み進めたあなたは、この術を手に入れるのです。あとは、自分を信じて、お客様を信じて、愚直に実践してみましょう。

必ず、明るい未来が待っています。次章からは、具体的なスキームをご説明します。

第3章

実例！
世古式「営業ムダとり術」
5つの成功スキーム

本章では、具体的な「営業ムダとり術」を簡単にわかりやすく説明するために、私のクライアント企業（指導企業）での実例をいくつかご紹介します。

あなたの業界と異なるケースもあると思いますが、参考になる事例ばかりですので、ぜひご自身の状況と置きかえて読み進めてください。

ケース1 小さな事務機屋の逆襲

トップオフィスシステム株式会社（https://www.topoffice.co.jp/）

大阪市内で事務機販売業をされている会社です。

池田社長のお父様が創業された会社でしたが、お父様がお亡くなりになられ、池田社長が跡を引き継ぐ形で経営をされています。

◆企業ドメインの定義

最初に池田社長と一緒に取り組んだのが、「ドメインの定義」です。最初に面談した際、「トップオフィスシステム株式会社は何屋さんですか？」と尋ねると、池田社長は「事務機屋です」とおっしゃいました。これでは同業他社と差別化できないので、価格競争に巻きまれます。そこで、「物理的ドメイン」すなわち、**企業の役割**を決めたのです。

「働きやすいオフィス環境創造業」これが、当時決めたドメインです。

単なる事務機を売る企業ではなく、「働きやすいオフィスを創る」ことを生業としたのです。すると、ITツールの販売やオフィス家具など、今まで積極的に販売していなかった商品やサービスを提案し、受注するようになっていきました。

◆顧客の選別と集中

次に取り掛かったのが、顧客の選別と集中でした。

売上実績を上位から一覧にして、ABCランクで区分し、さらに、複合機の利用が3年以上経過している顧客をSランクにして整理しました。

当時の営業マンたちは、クレームが入った顧客を優先的に訪問し、あとは自分たちの行きやすい顧客を中心に訪問している状況でした。工数の割に利益が稼げない体質になっていたのです。

そこで、Sランクを最優先に、次にAランクを重点的に訪問するようにし、そこで、

「働きやすいオフィス環境創造業」としての情報提供を始めたのです。

さらに、売上下位の顧客からの問い合わせやクレームに営業マンが相当な時間と工数を費やしていた実態を変えるため、簡単な問い合わせや利用方法のQ&Aなどを、外部の専門業者に委託するようにしました。費用は掛かりましたが、営業マンの生産性は格段に向上しました。

すると、月ごとのバラツキはあるものの、**単月で一定の利益を出す企業へ変貌**を遂げることができました。その後、IT系の分野を拡張すべき新たな取組みをはじめ、順調に売上も伸長しはじめました。

しかしその矢先、**新型コロナウイルス**が襲ってきたのです。中小企業が主要な取引先であるため、苦戦を強いられました。

各社がテレワークをはじめ、挙句の果ては都市部のオフィスが解約される事態が相次いだので、「働きやすいオフィス環境創造業」では事業が成立しません。そこで、再度、池田社長と一緒に考え、**〈ドメインの再定義〉**を行いました。新たなドメインは、**「働き方を変えるサポート業」**

テレワークに必要なPCや接続機器、セキュリティ商品、周辺のソフトウエアやシ

ステムなど幅広い商品やサービスを扱い、今の時代にマッチする「働き方を変える」サポートを生業としたのです。

この再定義は顧客のニーズにタイムリーにマッチしました。様々なお問合せや相談をいただき、昨年同等の売上・利益を確保するまでに業績が回復したのです。今は、池田社長と来年度の新たな戦略について、一緒に協議を進めています。

「営業ムダとり術」を愚直に実践した、小さな事務機屋の逆襲劇でした。

ケース2 お断り基準を明確にし、生産性を向上させた製造業

二つ目の事例は、関西地区にある機械製造業、機械でも生産財と呼ばれる「製品を生み出す機械」を製造している、いわゆる「機械メーカー」と呼ばれる分野の会社です。

Z社長からのオファーは「利益を生み出す会社へ変えて欲しい」という漠然としたものでした。Z社長を含む、営業部、製造部、資材部、技術部、開発部、経理部から選抜されたプロジェクトチームのメンバーと、2年間に及ぶ活動を展開しました。

◆過去5年分の売上関連データを調査

最初にプロジェクトチームのメンバーに実践していただいたのは、過去の売上関連データの調査と傾向の分析です。5年間のデータ推移をみると、売上高は堅調に伸びていました。しかし、営業利益率、経常利益率ともに下降していたのです。さらに、売上高の内容を調査すると、上位数社で全体の売上の78%を占めていました。さらに上位数社の販売機械別の売上高と利益率を見ると、少し偏りがあることがわかりました。

そこで、過去3年間の売上データから、機械の機種別の売上高と利益率の分析を行いました。わかったのは、**機械の機種によって、確保できる利益率が大きく異なっていた**ということです。明らかに利益率が低い機種は、無条件で廃版（メンテナンスと改造などの要請にはこたえるが、新規の製造販売は停止）にしました。

さらに、機種別の分析をしてみると、ここにも異様なバラツキがありました。製造した時期によって、利益率が大きく異なっていたのです。

一見、作り手の工夫による改善を先に考えてしまいそうですが、その原因は、一品一様の生産方式を昔からとっていたので、何の疑いもなく、受注した段階から1台1台を「個別」に設計・製造したからだとわかりました。

同じ機種を受注する場合、2台もしくは3台まとめて設計・製造を行い、部品の購入も共同で行うことができれば、コストダウンにつながり、利益率を向上させることができます。つまり、**引合い段階で受注予測の整理ができていないことで、生産性に大きな差が出ていた**のです。

◆情報の共有と受注選別会議

営業部門としても何かできることが無いか検討をした結果、引合い段階で営業マンが確実な情報収集を行い、**受注選別会議で「GO」か「NG」かの判断**をするようにしました。

製造部門と技術部門、そして営業部門が協力して、引合い管理シートを作成し、受注判断に必要な項目を整理してデータベース化しました。営業マンが顧客と打ち合わせを行うと、すぐに情報が入力され、営業部門内外問わず関係する社員に共有され、アドバイスや議論をすぐに行うことが可能になりました。

また、納期、予算確保状況、決定権者、客先の意思決定方法、仕様（要求内容）、基本装置の転用の可能性、類似機種情報、競合情報、リスクの大小、等々をSFA（営業支援システム）で全社共有し、それらの情報を基に、受注選別会議で受注の取捨選択を検討することにしました。全員が意思疎通を図り、顧客のニーズも確認しつつ、「会社としての判断」を「その場」で出すようにしたのです。

この会議には社長含む、全部門の責任者と担当営業マンに出席してもらいます。

製造業は製造現場の混み具合によっては、多少利益率が低くても「GO：受注する」

という判断をするときや、逆に注残が多くある場面では、そこそこ良い利益率でも納期や競合の関係から「NG：受注しない」という選択をする場合があります。このGOかNGかの判断を、**早い段階で会社として行う**ことにしたのです。

結果、無理をして追う案件が少なくなったので、営業活動の「ムダとり」が実践でき、「受注率」は大幅に向上しました。

また、顧客であるA社とB社の発注タイミングが少しズレるけれど、納期は柔軟に調整可能という場合、営業マンが顧客と事前に納期を調整してA社とB社の装置を別々ではなく、2台同時製造という方法を取ることで、原価率を低減させることにも成功しました。

実はこれらの作業は、以前は営業マンや営業リーダーが社内を掛けずり回って実施していたのです。いわゆる**社内営業、根回し**です。これらの調整にかけていた時間も「ムダとり」することができました。

これらの一連の対応をプロジェクトチームと私が一緒になって取り組んだのです。

結果、利益率が**年間で5%改善**しました。5%はかなりのインパクトがある数字です。

ケース3 分析データで抵抗勢力を黙らせた卸売業

日用雑貨品の卸売業のB社は、ここ数年赤字が連続している状況でした。最初に、過去の売上状況の俯瞰を次期社長の専務と一緒に行い、直近5年間で黒字だった3年前を除き、全ての年度で赤字であったことを確認しました。赤字の理由はすぐに判明しました。**営業利益率（粗利率）が低かった**のです。

卸売業なので月間の営業マン一人当たりの生産性を出すことは容易でした。**獲得営業粗利額÷のべ営業マン人数＝営業マン一人当たりの営業粗利額**

この値が営業マンに支払っている給与の2倍程度でした。これでは採算が合わないのも合点がいきます。

そこで、営業会議に出席して、この実態をまずは理解してもらう説明を専務から行っていただきました。すると、古参のベテラン営業マンが反旗を翻してきました。

「なあ、専務さんよ。私ら頑張っているんです。価格競争に巻き込まれながらもなんとか日々の「売上」を確保して、夏の暑いときも、冬の雪の降る中も営業を頑張っているんです」と。

それを聞いて、専務は降参してしまいそうでしたが、私が反撃に出ました。

「いくら売上を上げてもらっても、『粗利（営業利益）』が低ければ会社にキャッシュが残りません。皆さんの給与も払えません」

「ところで、あなたの年間獲得粗利額はいくらかご存じですか？　あなたの一番の得意先のY社の営業利益率はご存じですか？」

こう逆質問してみると、古参のベテラン営業マンは黙り込みました。驚くことに、自分の獲得粗利額もY社の営業利益率も知らなかったのです！

◆「売上」至上主義が営業生産性を落とす

私はその場で、過去2年間の売上分析のデータをプロジェクターに投影して説明しました。その分析データには月毎の得意先別、担当者別の粗利獲得額と営業利益率を一覧にしていました。このデータを基に、「売上額ばかりに目をやるのではなく、営業利益に着目すべきであり、目標設定も粗利率と売上金額の両方を追い求めることが必要である」と力説しました。

そして、「全員で粗利率の最低ラインをここで決めましょう！」と発案し、1時間の議論の末、これらを決定しました。

この結果、大口の数件の受注をお断りすることになりました。売上は確保できるものの、利益率が低すぎて、キャッシュが残らない状態に陥ることが最初から想定できたからです。「無理して追わない」という選択をしたのです。

同時に、商品の棚卸しも実施しました。「営業ムダとり」でいう棚卸しは「商品が産み出す利益」を棚卸しするのです。

詳細の方法は第四章で解説しますが、商品別の売上額と粗利率を一覧にして、グラフ化します。高い利益率を獲得している商品が積極的に売りたい商品で、逆に低い利益率の確保に留まっている商品は、積極的には売らないという選択をしました。

「顧客」×「商品」で会社の利益を考えること。

単純ですが、これだけで**年間の粗利率が3％UPと、大幅に改善**したのです。

古参のベテラン営業マンは、最初の1年目は明らかに私のやり方に反発していました。しかし、2年目の途中から素直に聞き入れるようになりました。その背景には、実績データで常に真実を語り、同時に、ムダとりを実践したあとの検証や評価といった、モニタリングも確実に行ったからです。

決して、感覚と根性論だけで営業してはいけないという教訓となった事例でした。

ケース4 社内業務の「ムダとり」と顧客の選択と集中で過去最高益を達成した技術商社

大阪府豊中市にある八洲物産株式会社（http://www.yascom.co.jp/）は、大手製造業の金属関係の加工品を中心に展開している技術商社です。

私が講師をつとめた「営業業務のムダとり」の一日研修に、伊東社長はじめ営業のキーになる方々にご参加いただき、実際に「営業ムダとり」に着手することになりました。

◆社内で営業マンが滞留する時間を徹底的に排除

技術商社のお仕事は、顧客のキーマン（ほとんどが開発担当者や技術担当者）とリアルで面談し、最新の情報を提供したうえで、顧客が抱えている技術的な課題や問題点を吸い上げて、それが解決できる提案をするスタイルが主流です。

八洲物産も同じような方法で、日々顧客と接点を持っており、営業マンの仕事は顧客のキーマンと面談することから始まります。しかし、営業マンが社内に滞留している時間が長いことが判明しました。その時間、営業マンは社内業務を行っていたのです。伊東社長曰く「営業マンがやるべき「本来の仕事」以外の仕事は全て「ムダ」だ」と。その考えを実践に活かすところが、伊東社長の凄いところです。

当時、営業マン二人に一人の割合で営業アシスタントがいたのですが、これを一人一人に配置できるように増員し、営業マンの社内業務の一切を、営業アシスタントへ委ねるようにしました。

◆過去の取引実績と将来性を加味した、顧客の選択と集中!

技術商社である八洲物産の営業活動には、相応の準備時間が必要です。さらに、顧客と共有した課題や問題点の解決策について調査・検討するのにも相応の時間がかかります。よって、新規の顧客をガンガン開拓するよりも、自社の独自性を発揮しやすい既存顧客の深耕をメインの活動に据えました。

さらに顧客の選別を徹底して行い、コロナ禍中では、プッシュ型の営業を展開する顧客を一人二社までに制限したのです。

この場合、恣意的な選別を避けるため、あらかじめ選別基準が統一されている必要があります。

①過去の対象顧客の営業粗利率が全社平均以上確保できている顧客

②今後、将来的に顧客の事業が拡大基調にあること

この2点を基準として、「顧客の棚卸し」を行ったのです。極めてドライな感じがしますが、棚卸しをして「取り組まない領域」を明確に決め、経営リソースを集中させてでも、お付き合いする顧客を選別することが八洲物産には必要だったのです。

◆「GO」、「NG」は会社で判断

技術商社の泣き所は、試作品の制作費用や試作用の金型費用を自社で負担しなければならない点です。スペックイン型の営業スタイルを取っている企業は、ほぼ同じ問題を抱えていると思いますが、この負担をしてでも取り組むべき案件なのかどうかの判断が、業務の効率や利益を大きく左右します。

八洲物産では、社長も含めた幹部と営業マンが参加する案件選別会議で協議し、**早い段階で会社として最終的な「GO」サインを出せるように**しました。

営業マンの判断で個々に案件を進めるのではなく、会社で意思決定するシステムを作ったことで、会社をあげてバックアップするという姿勢が明確になりました。「GO」の案件が最終的に上手く進まない場合でも、それは営業マンではなく「会社としての責任」となります。そのため、営業マンの心理的にも、革新的な技術を提案しやすくなる効果が得られました。

◆顧客の潜在的なニーズを喚起させること

コロナ禍中でも、八洲物産の営業マンはWebや業界雑誌や新聞などを活用し、最新の技術情報を入手するために時間と工数を費やし、同時に顧客の開発動向の調査も行っています。また、これらの情報を個別企業に上手くマッチングさせるべく様々な工夫を始めています。

めざすべき顧客との関係性は、八洲物産の営業マンと会話していると、潜在的な困りごとや、今後発生しそうな課題や問題点（潜在ニーズ）に「気付かせてくれる」という状況にすることです。

今までの数々の実績とノウハウ、そこへ最新の情報を加えることで、あるべき姿への歩みを着実に進めておられるのです。

「働き手もよい」「企業もよい」「お客様もよい」の『三方よし』の新・営業術を忠実に実践され、さらに進化を続けておられる八洲物産株式会社から目が離せません。

ケース 5

着信音で顧客を瞬別して大成功した「運転代行業」

私はよく運転代行業、いわゆる「代行」を利用します。とある地方都市で運転代行業を営んでおられる経営者の成功実例をご紹介します。

◆代行業者の敵は「時間をムダ」にさせるお客様

一晩でどれだけ効率よく車を稼働させるか。これがこの業態で好業績を叩き出すポイントです。ですから、約束の時間通りに指定の場所に姿を見せないお客様や、やたらと待たせるお客様は、ある意味「営業妨害」と言っても過言ではありません。

そこで、この会社では、一度でも待たせるような事実があったお客様の携帯着信音を変えることにしたのです。

「約束通りの時間で呼ばれた場所にお伺いしたが、車を5分以上待たせた」という事実があった場合、このお客様の携帯着信音を「要注意」の音に変更し、さらにもう一度同じような事態が発生した場合、携帯着信音を「見切り」の音に変更します。サッカーでいうと2枚目のイエローカードで「退場」という感じです。

「よほど暇な状況でなければ、見切り客の着信には応答しない」

このルールを徹底したところ、車の回転率は130%アップしました。走っていないとお金が稼げない業態ですから、待つ時間がほぼ無くなることで、収益性がとても高くなったのです。

逆に、待たせることのない優良顧客には「電車に乗る前に電話一本くださいね」とお願いするようにし、事前にこちらから時刻を指定することができるようになりました。これにより、先行予測した車の配置ができるようになり、さらに回転率はアップしました。

◆コロナで廃業するも、後継者が引き継ぐことに

このように好業績を出し続けていた会社ですが、コロナ禍の影響でそもそものお客様が激減してしまいました。さすがの剛腕社長も意気消沈で、年齢的なことや体調の関係もあり「廃業」の選択をされたのが、7月でした。

最後にお会いした時に「今度からどこの代行を呼んだらいいんですか?」と尋ねると、

「実は一緒にやっていた仲間が跡を引き継いでくれることになったんです。彼には、世古メソッドを伝授していますので、安心してご利用ください！」との嬉しい答えが。

そうです、この代行業者は私がよく利用していた業者さんで、私の職業を知ってアドバイスを求めてきたのです。

これらの事例が示す通り、**「営業のムダ」は随所にあるのです。**昔ながらのやり方を継承していては、ムダは排除できません。今こそ、今までのやり方に決別し、新たなやり方を生み出し実践するときです。

■世古式「営業ムダとり術」【断・捨・離】が会社と経営者を進化させる！

いずれの事例も「営業のムダ取り術【断・捨・離】を忠実に実践したことにより、高い効果をあげています。実例をお読みいただき、その必要性がご理解いただけたことと思います。

世古式「営業ムダとり」®　断捨離Ｓｔｅｐ

	断	捨	離
本来の意味	入ってくる要らないモノを断つ	不要なモノを捨てる	モノへの執着から離れる
営業としての断捨離の解釈	成果が上がらない仕事は断り、取り組まない	活動の要らない部分を捨てる	昔からのやり方を見直し、新たな取組を始める
本書での解説	第5章 営業ムダとり術 STEP1 「断」	第4章 営業ムダとり術 STEP2 「捨」	第6章 営業ムダとり術 STEP3 「離」 第7章 「三方よし」の新・営業術

ここではまず、世古式「営業ムダとり術」【断・捨・離】の定義からご説明しましょう。

本来の意味で使われている断捨離は、次のような意味です。

断・・・入ってくる要らないモノを断つ
捨・・・不要なモノを捨てる
離・・・モノへの執着から離れる

世古式「営業ムダとり」的に断捨離を解説すると、次のようになります。

断・・・成果の上がらない仕事は断り、取り組まない
捨・・・活動の要らない部分を捨てる
離・・・昔からのやり方を見直し、新たな取組を始める

先程の実例の中から主要な取組を少し整理しますと、以下のようになります。

ＳＴＥＰ１『捨』

・社内営業、根回しの排除
・売上下位の顧客や、粗利率の低い顧客への訪問禁止
・「商品」「案件」の棚卸しと、低率「商談」との決別

ＳＴＥＰ２『断』

・受注選別会議で「ＧＯ」、「ＮＯ」の判断
・簡単な問い合わせやクレーム対応の外部委託
・営業アシスタントの配置と活用

ＳＴＥＰ３『離』

・事業ドメインを再定義して、新たな市場へチャレンジ
・将来的に事業が拡大傾向にある先をターゲティング
・顧客の潜在ニーズに気付かせる高度な営業へのシフト

ここで「あれ、世古さん、「断捨離」が「捨→断→離」になってますよ？　順番を間違えていませんか」と思われるかもしれません。

しかしこの順が正解なのです！　私の持論なのですが、「営業ムダとり術」を成功に導くには、「捨てる」ことを最初に実践することが重要です。その後、『断』『離』と進めていくのです。実践が無理でも思考の手順としては、この方が上手く行くのです。

今後の章でそれを証明すべく、具体的な取組方法を詳しく説明していきます。

もちろん、先に説明した「これからの時代に求められる営業マンの役割変化」も『離』の部分で説明を行いますのでご安心ください。

それでは、次章からテレワーク時代に売上を向上させるために、まず**世古式「営業ムダとり術」【捨・断・離】の「3つ」のSTEP**を断行していきましょう。

第4章

世古式「営業ムダとり」術

STEP1『捨』

いよいよ、この章から具体的な「営業ムダとり」術を解説してまいります。前章でもお伝えしましたが、くれぐれも順番を間違えないように！　世古式「営業ムダとり」術は、「捨→断→離」の順でないと成果が出ません。

まずは、STEP1の『捨』からはじめていきましょう。

『捨』とは、活動の要らない部分を捨てることを意味します。

1 実績データを分析する

『捨』の最初の行動は「実績データを分析する」ことです。なぜ実績データの分析を行うのかといえば**「分析によって「ムダ」なものを特定し除去するため」です。**

この観点でデータを見れば、わざわざ分析作業をしなくても「ムダ」が特定できると考える営業マンがいます。しかし、一旦は先入観を捨てて素直な心で分析をしてください。これも成功の秘訣です。

分析に必要なデータを業種別にまとめると、以下のようになります。

【全業種共通】

①顧客別売上高、顧客別粗利高、顧客別粗利率

②担当者別売上高、担当者別粗利高、担当者別売上粗利率

【卸売業など商品・サービスを販売展開している業種】

③商品別売上高、商品別粗利高、商品別粗利率

【製造業や建設業など案件を主としている業種】

④案件別売上高、案件別粗利高、案件別粗利率

⑤見積案件別見積金額、見積案件別見積粗利高、見積案件別見積粗利率

これらの実績データを収集して、一覧表にしておきます。基幹システムや販売管理システムを操作すれば、容易に基礎になるデータは抽出できるはずです。抽出したあと、今後の分析のために、以下の作業も一緒に実施しておきます。

①期間の総額を求める

②期間の平均値を求める

実績データの分析の「基礎の基礎」

	製造業	卸売業	建設業	サービス業	小売業
顧客先別	○	○	○	○	○
担当者別	○	○	○	○	○
商品別	▲	○			○
案件別	▲		○		
見積別	○		○		

※売上高、粗利高、粗利率をそれぞれ求める
※各データが降順にソートできるようにする
※各データの平均値と総和を求めておく
※Excelもしくはスプレッドシートを推奨

③期間のデータを項目ごとに降順で並び替えができるようにしておく

Excelを使えば簡単ですが、データ量が多く抽出が難しい場合などは、社内のＩＴ精通者などに依頼し算出してもらいましょう。この後で詳細な分析を実施する上で、重要な数値データになります。

実績データが収集できたら、Excelを使って、様々な角度からデータ分析をしてみてください。

例えば、顧客別データで売上高を降順に並び替えてみる。次に、上位顧客の各売上高を全体の総額（期間の全売上高）で割ってみる。

すると、当該顧客の売上占有率が出てきます。一番売上げている顧客が年間売上の何%を占めているのかが瞬時に把握できます。同じ手順で商品や担当者別、案件別を分析するだけで、対象に対する依存度のおおまかな傾向を掴むことができるのです。

これが分析の基礎の基礎です。

実績データを一覧表に並べただけでは、単なる数字の羅列にすぎません。分析とは、それらのデータを何らかの軸で並び替えたり、除したり、率を求めることで一定の傾向を把握することです。依存度や貢献度、密集度などが分かってきます。ただし、これらの分析はまだ、準備段階だと考えてください。

2 顧客の棚卸し、見切り客を特定する

では、実績データの分析をさらに深め、顧客の棚卸しを行っていきましょう。

棚卸しの方法は様々ありますが、基本形のひとつを先ずは説明します。一つ目の分析方法の狙いは、売上もしくは粗利額の顧客別の依存度を確認し、依存度が低い顧客

①②

20XX年度顧客別売上実績（千円）

	売上額	売上占有率
A社	45,000	38.1%
B社	32,000	27.1%
C社	19,000	16.1%
D社	9,000	7.6%
E社	6,200	5.3%
F社	3,200	1.4%
G社	1,650	1.4%
H社	800	0.7%
I社	600	0.5%
J社	550	0.5%
合計	118,000	

=45,000÷118,000×100
=32,000÷118,000×100
=19,000÷118,000×100

③

20XX年度顧客別売上実績(千円)

	売上額	売上占有率	累計売上
A社	45,000	38.1%	45,000
B社	32,000	27.1%	77,000
C社	19,000	16.1%	96,000
D社	9,000	7.6%	105,000
E社	6,200	5.3%	111,200
F社	3,200	1.4%	114,400
G社	1,650	1.4%	116,050
H社	800	0.7%	116,850
I社	600	0.5%	117,450
J社	550	0.5%	118,000
合計	118,000		

B社
A社＋B社
C社
A社＋B社＋C社
D社
A社＋B社＋C社＋D社

A社からJ社までの合計を求めます。Σを使えば簡単です。

を「見切る」判断をするために実施します。

詳細な手順は以下の通りです。

①顧客別、売上額の一覧を作成します（前頁上図）

②顧客別の（当社内での）売上占有率順に並べましょう
前頁上図のA社の売上額÷全社の売上額×100＝売上占有率を求め、降順に並べ替えます。

③①②の分析結果を基に、上位からの累計売上額を求めます。（前頁下図）

④③で求めた累計売上額の売上占有率を求めます（次頁上図）。図中の計算式を参考にしてください。動画の解説もありますので、不明な場合はそちらをご参照ください。

⑤ここまでのデータを基にグラフを生成し、パレート図を作成します。（こちらも動画解説をご参照ください）

これらの分析は一般に**「パレート分析」**と呼ばれる方法で、上位の要素が全体にどのくらいの割合を占めているのかをみる分析方法です。分析する前までは何となくそんな傾向があるだろう、と思っていても、実際に数字で「見える化」すると、鮮明に

④

20XX年度 顧客別売上実績(千円)

	売上額	累計売上占有率	累計売上	売上占有率
A社	45,000	38.1%	45,000	38.1%
B社	32,000	65.3%	77,000	27.1%
C社	19,000	81.4%	96,000	16.1%
D社	9,000	89.0%	105,000	7.6%
E社	6,200	94.2%	111,200	5.3%
F社	3,200	96.9%	114,400	1.4%
G社	1,650	98.3%	116,050	1.4%
H社	800	99.0%	116,850	0.7%
I社	600	99.5%	117,450	0.5%
J社	550	100%	118,000	0.5%
合計	118,000			

B社
= (A社 + B社) ÷ 売上合計額 × 100

C社
= (A社 + B社 + C社) ÷ 売上合計額 × 100

D社
= (A社 + B社 + C社 + D社) ÷ 売上合計額 × 100

⑤

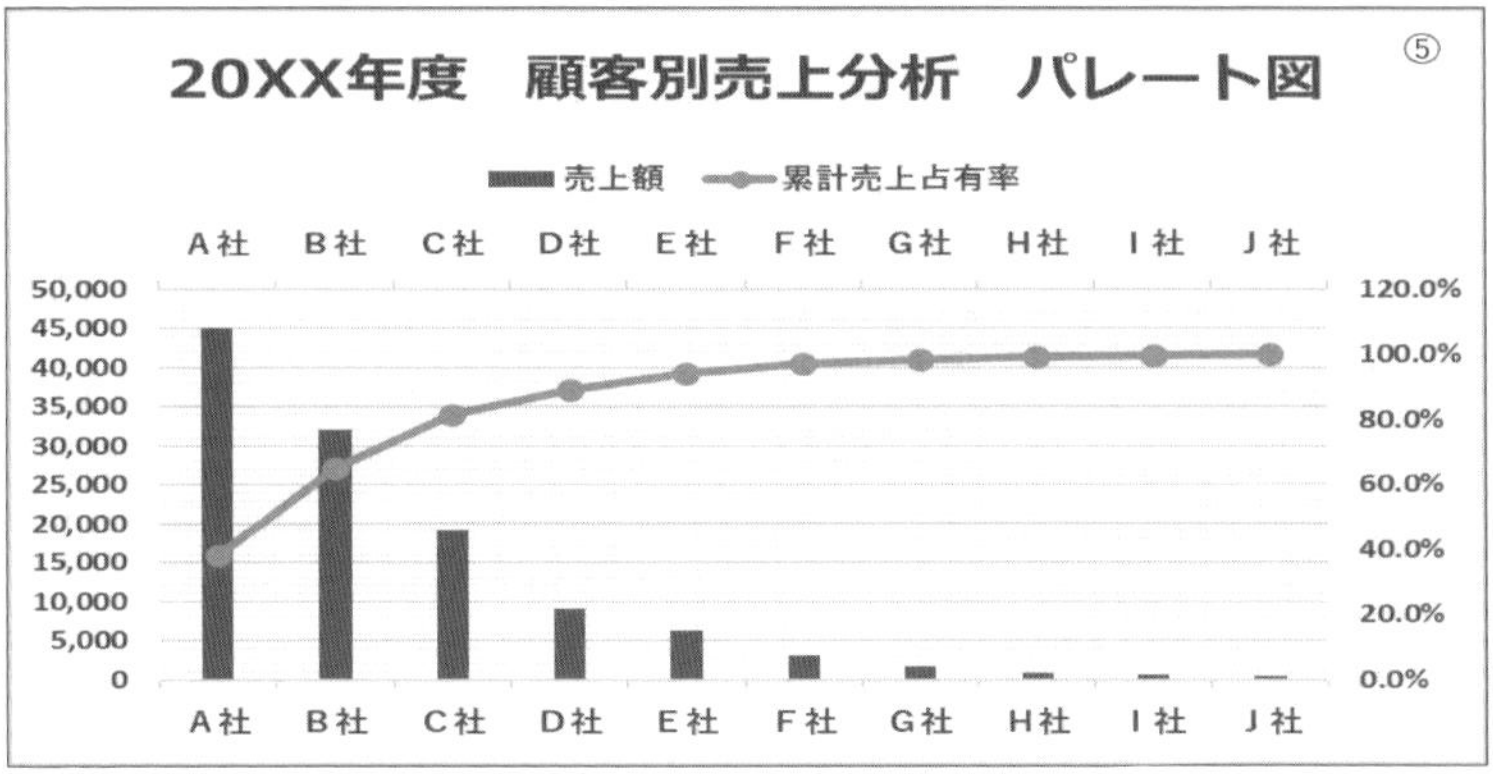

実態が浮き彫りになります。

さらに、売上占有率が低い会社の「数」が多く、しかも売上貢献率も低いということが分かってきます。売上貢献率の低い顧客へ数多く訪問していたりする場合もあり、そういう実態も「見える化」できます。

ここまで、ほんの一例を挙げましたが、参考になりましたでしょうか？

・本当に重点的に取引すべき顧客はどこか特定する
・逆に、ムダな訪問先になっている顧客を特定する

このように分析を通じて、顧客の棚卸しを行うのです。

ここまで説明した棚卸しのやり方は「売上金額」を分析の主な対象にしましたが、同じ手順で「粗利額」を焦点に実行することも重要です。私がご指導する場合、どちらも実施しています。

また、業種・業態によっては、分析方法が異なる場合もありますので、そちらは個別にご相談ください。

①②

顧客名	売上額（円）	売上粗利額（円）	粗利率	売上占有率
V社	34,000,000	8,500,000	25.0%	29.4%
A社	20,000,000	4,000,000	20.0%	17.3%
B社	18,500,000	3,400,000	18.4%	16.0%
J社	9,988,400	2,456,550	24.6%	8.6%
E社	9,800,000	2,156,000	22.0%	8.5%
I社	4,598,760	875,000	19.0%	4.0%
C社	5,600,000	840,000	15.0%	4.8%
F社	4,500,000	815,000	18.1%	3.9%
K社	3,450,000	456,500	13.2%	3.0%
G社	940,000	230,000	24.5%	0.8%
L社	2,400,000	215,000	9.0%	2.1%
H社	556,000	89,000	16.0%	0.5%
M社	756,000	78,000	10.3%	0.7%
N社	350,000	45,000	12.9%	0.3%
O社	255,000	45,000	17.6%	0.2%
合計	115,694,160	24,201,050	20.9%	

＝売上粗利額
÷
売上額
×
100

③④

顧客名	売上額（円）	売上粗利額（円）	粗利率	売上占有率
V社	34,000,000	8,500,000	25.0%	29.4%
A社	20,000,000	4,000,000	20.0%	17.3%
B社	18,500,000	3,400,000	18.4%	16.0%
J社	9,988,400	2,456,550	24.6%	8.6%
E社	9,800,000	2,156,000	22.0%	8.5%
I社	4,598,760	875,000	19.0%	4.0%
C社	5,600,000	840,000	15.0%	4.8%
F社	4,500,000	815,000	18.1%	3.9%
K社	3,450,000	456,500	13.2%	3.0%
G社	940,000	230,000	24.5%	0.8%
L社	2,400,000	215,000	9.0%	2.1%
H社	556,000	89,000	16.0%	0.5%
M社	756,000	78,000	10.3%	0.7%
N社	350,000	45,000	12.9%	0.3%
O社	255,000	45,000	17.6%	0.2%
合計	115,694,160	24,201,050	20.9%	

＝ 売上額
÷
売上総計
×
100

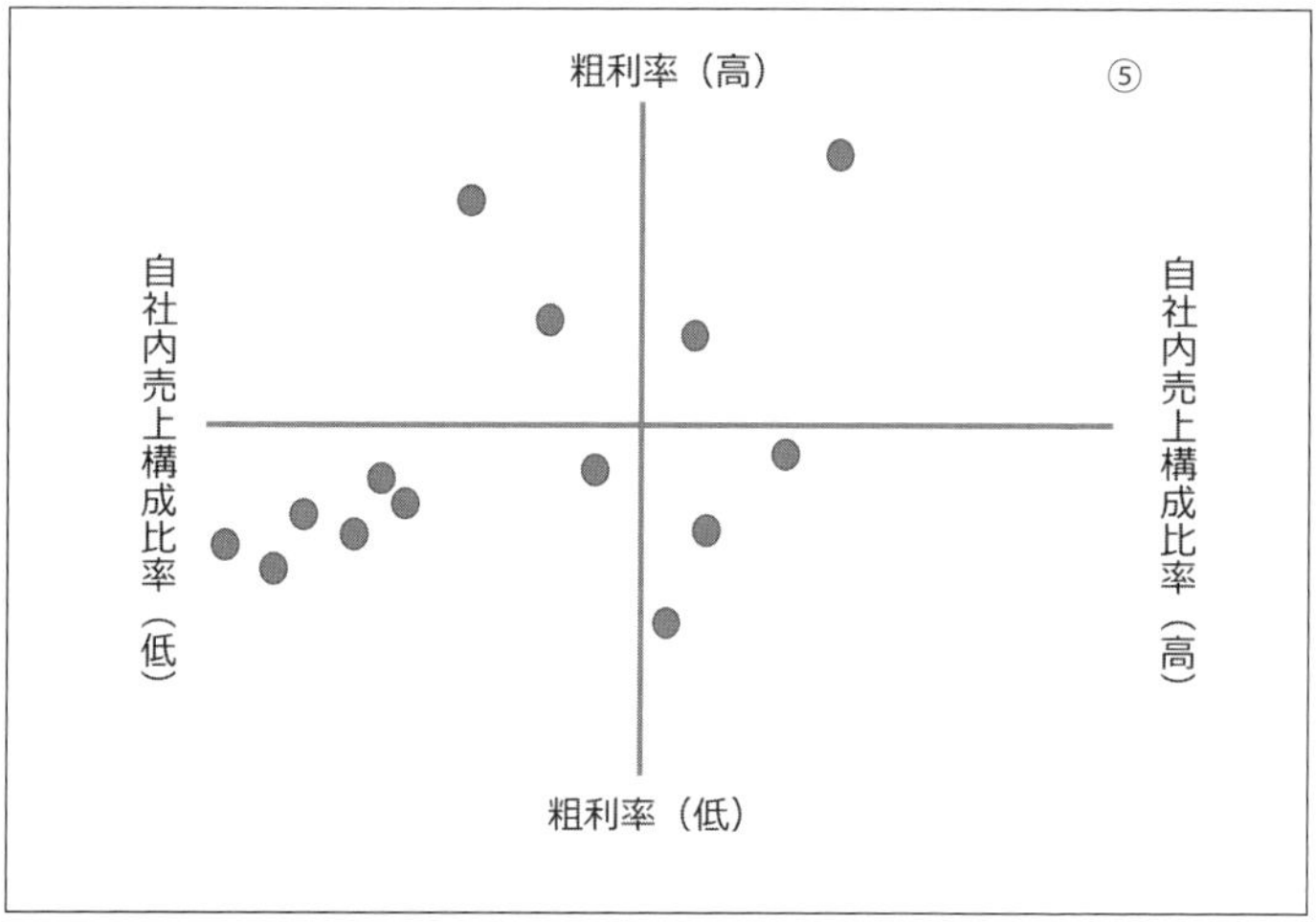

一つ目の分析方法は売上額を基準に分析しましたが、二つ目は営業粗利率に焦点を当てた分析方法を説明します。

① 顧客別、売上額、粗利額の一覧を作成します。（前頁上図）

② 顧客別の粗利率を計算して表に加えます。粗利率＝粗利額÷売上額×１００

③ 顧客別の（当社内での）売上占有率を計算して表に加えます。売上占有率＝A社の売上額÷全社の売上額×１００（前頁下図）

④ 粗利率の平均を計算しておきます。

⑤ 以下の図のように、XY座標の図を準備し、縦軸に粗利率、横軸を売上占有率とし、得意先名をその図の中に書き入れていきます。（上図のような形になります）

こうやって顧客の棚卸しをすることで、顧客の分布が「見える化」できるのです。実績データに基づき分布を作成するので、事実が浮き彫りになります。

・頻繁に通っているのに、こんなに低い粗利率なのか

・意外にも面談頻度が高くない顧客の粗利率が良く、売上貢献度も高い

といった、客観的な事実が見えてきます。ここが重要なポイントなのです。

営業マンは顧客に思い入れがあるので、**自分の価値基準で評価をしている場合が多い**のです。自分の価値基準とは、行きやすいとか、自分と仲が良いといった基準の場合があり、これが時に、生産性を落とすことにつながっているのです。

特にこのテレワーク時代は、客観的に棚卸しをして、見切る顧客の特定をする必要があります。

ここまでの顧客の分析方法については、**解説動画（https://mudatori.top/book-mudatori1）**を作成していますので、こちらも併せてご覧いただき、「顧客の分析」、「顧客の棚卸し」を実践してみてください。

3 商品やサービスを棚卸し、取り組まない商品を特定する

顧客を棚卸ししたように、商品やサービスも棚卸しする必要があります。ここで言う棚卸しとは年度末や月末に実施している「実地棚卸」ではなく、**商品やサービスの貢献度を測定すること**、とご理解ください。

貢献度とは、利益をどれだけ稼いでいるのかということです。貢献度の評価を行い、積極的に販売すべき商品・サービスと、貢献度が低く積極的には販売展開しない、あるいは撤退を検討する商品・サービスを明らかに区別し、特定することが棚卸しの目的です。では、具体的な方法を説明していきましょう。

①商品（商品群）ごとの1年間の売上額の合計と粗利額の合計を一覧にします
②顧客の分析で行った要領で、商品ごとの粗利率を算出し、一覧に記載します（次頁上図）
③次に商品の自社内の売上構成比率を算出し、一覧にこれを記載します

商品名	売上額（円）	売上粗利額（円）	粗利率	売上占有率
商品イ	34,000,000	8,500,000	25.0%	31.8%
商品ロ	20,000,000	4,000,000	20.0%	18.7%
商品ハ	18,500,000	3,400,000	18.4%	17.3%
商品ニ	9,988,400	2,456,550	24.6%	9.3%
商品ホ	9,800,000	2,156,000	22.0%	9.2%
商品ヘ	4,598,760	875,000	19.0%	4.3%
商品ト	5,600,000	840,000	15.0%	5.2%
商品チ	4,500,000	815,000	18.1%	4.2%
合計	106,987,160	23,042,550	21.5%	

= 売上額 ÷ 売上総計 × 100

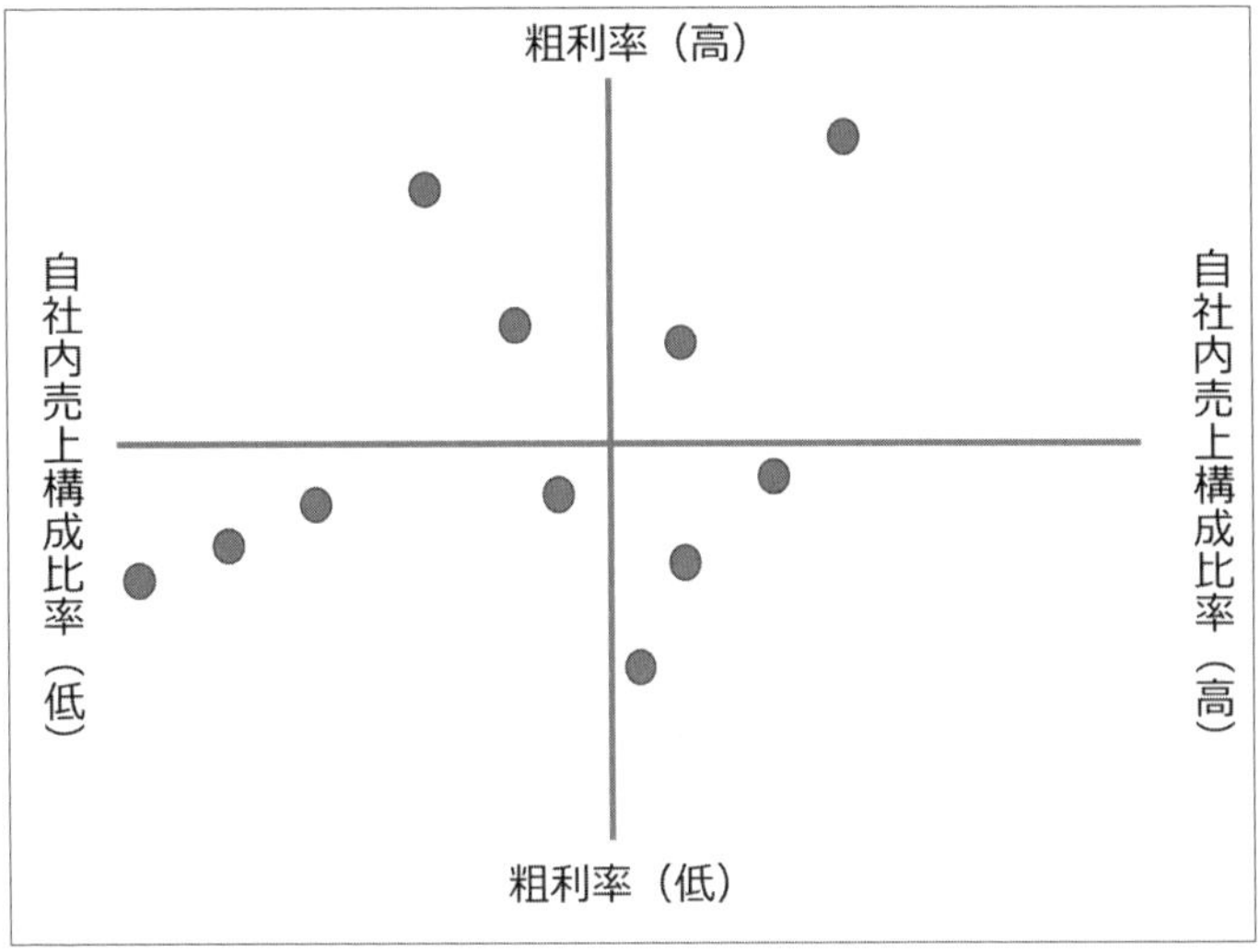

④ＸＹ座標の図を準備し、縦軸に粗利率、横軸を売上占有率とし、商品・サービス名をその図の中に書き入れていきます。（前頁下図のような形になります）

分析の見方は、Ｘ軸もＹ軸も右上が貢献度の高い優等生です。次は左上が拡大余地ありの商品です。利益率が低い商品やサービスは、積極的には売りに行かないことにします。この決断が非常に重要なのです。

今回ご紹介した棚卸し方法は商品の貢献度、つまり粗利獲得額に焦点を当てていますが、在庫過多の場合は、商品回転率に焦点を当てて分析する場合もあります。

顧客の分析と同じで、商品の棚卸しを実施すると、**客観的な事実が見えてきます。**「数年前に社運を懸けて開発した商品だけど、今となっては貢献度がかなり低い」とか、「全社的なキャンペーンを展開して販促した商品なのに、粗利率が低すぎる」などといった、事実を「見える化」するのです。

まずは、事実を直視する！　そのためには、実績データを利用し、定期的に棚卸しと分析を実施することが必要です。

コロナ禍に見舞われている今こそ、分析や棚卸しを軽視してはいけません。過去のありのままの実態を把握した上で、どのような戦略で営業活動を組み立てるのか、「ムダ」と特定する商品・サービスは何なのか、判断することが必要なのです。

ここまでの商品やサービスの分析方法についても、**解説動画（https://mudatori.top/book-mudatori2）**を作成していますので、こちらも併せてご覧いただき、「実践」してみてください。意外な発見があるはずです。

4 集中のための「選択」をする

ここまでの手順で顧客と商品・サービスの棚卸しを実践し「積極展開しない顧客と商品・サービス」が特定できましたね。この手法が「営業ムダとり術」なのです。

ムダが排除されたあと行うべきことは、**「営業リソースを集中させる顧客」と「商品・サービス」を絞り込み「選択」する**、ということです。

【個別に今すぐ相談できます】

テレワーク営業相談室

<先着30名様限定　無料ご招待>

筆者が40分間 相談役をつとめます

セミナーや動画視聴を待たずに、今すぐ、自社の営業の課題や問題点について相談したいという方は、テレワーク営業相談室へご参加ください。

本書の著者である世古誠が、直々に相談役を務めます。通常は有償の相談室ですが、読者特典として先着30名様限定で無料ご招待します。コロナ禍の状況を踏まえ、オンラインでの開催となります。

☆こちらからお申込みください

https://telework-advice.mudatori.jp

スマホからは
こちら

※必ず、クーポンコード「j0kpog」をご記入ください。

書籍購入者さま限定特典により、無料ご招待となります。

※先着30名様になり次第、無料特典は終了させていただきます。

※Zoomを使ったオンライン形式で40分以内での実施となります。

世古誠へのお問合せ

※ご相談、お問合せはメールにてお願いします。
こちらから追ってご連絡差し上げます。

経営コンサルティング　世古 誠
〒520-0807　滋賀県大津市松本2丁目15-11
TEL：077-524-0002　　FAX：077-526-0515
E-Mail：info@sales-mudatori.com
ホームページ：**https://mudatori.top**

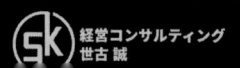

なぜ選択と集中が必要なのか？　復習をしておきましょう。テレワーク時代になり、顧客にとって20％の「会うべき人」に選ばれないと、リアルはおろかＷｅｂでの面談もしてくれない時代になったのです。この時代に売上を伸ばすためには、営業の役割を大きく変えて、コンサルティング営業を実践する必要があります。

しかし、この営業スタイルを行うには、時間と頭脳と足が必要なのです。これまでのような全方位的な営業では、下手な鉄砲は全く当たらない、という事態になってしまいます。そうならないためには、徹底した選別営業を展開するしかないのです。集中のための「顧客の選別」と「商品の選別」をするのです。

では、まず絞り込む顧客の決め方をご説明します。

先述の手順で顧客の分析を実施し、顧客がプロット（次頁の図中の点のように座標に示される）された領域を右図のように四つの領域に分けます。つまり、絞り込むための判断軸を描くのです。

【超優良顧客】この領域に位置する顧客は粗利率も高く、自社内の売上貢献度も高い

積極的に売り込みをかける顧客を決めよ

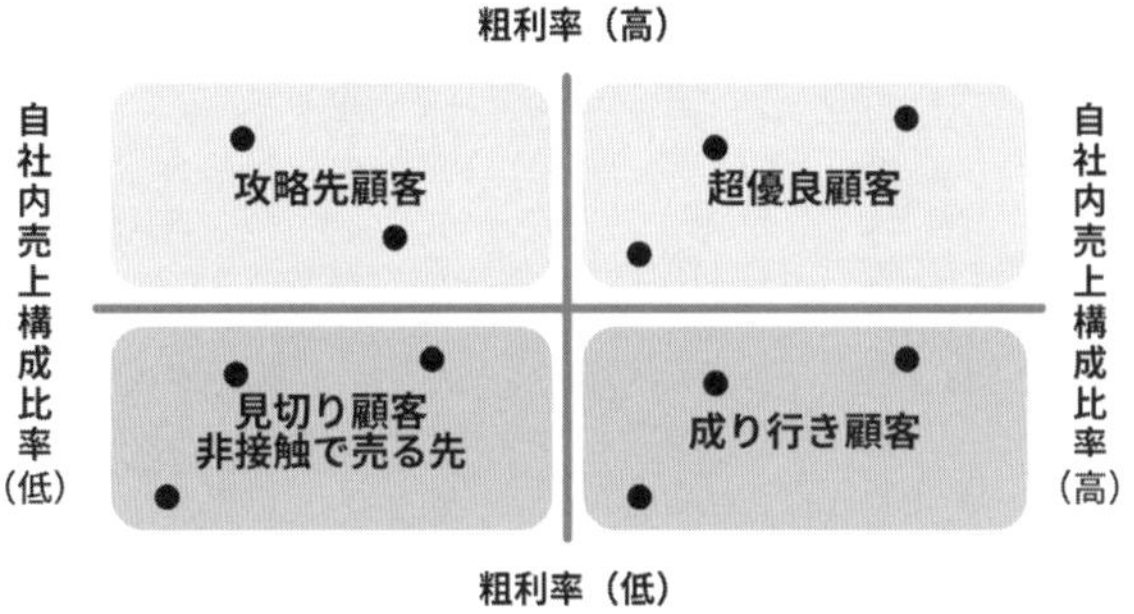

超優良顧客	今まで通りのコンタクトを取る顧客
攻略先顧客	積極的にコンタクトをとる。クロスセル狙い
成り行き顧客	このまま or 付加価値品への転換 の検討
見切り顧客	見切る or 非接触の売り方 の検討

ので今まで通りのコンタクトを取る顧客と考えます。

【攻略先顧客】この領域に位置する顧客は、粗利率は高いものの、自社内の売上貢献度がそれほど高くない顧客です。一般的には、この領域に属する顧客には積極的にコンタクトを取り、購入量を増やしたり、クロスセル（別の商品の購入を促進）を行うことが通説とされています。

【成り行き顧客】この領域に位置する顧客は、自社内売上比率が高いものの、粗利率が低い顧客ですので、このままの取引を続けるのか、あるいは付加価値品に切り替える提案をするのか、個別に検討が必要な顧客になります。

【見切り顧客】この領域に位置する顧客

は、売上貢献度も低く、粗利も確保できない顧客になります。ここはあっさり「見切る」、つまり「何もしない」顧客とするのか、「営業行為はしないが、非接触の売り方を展開する」のかを、この**領域の顧客全体の方針として議論**します。

個別に議論すると、営業マンの思い入れや好みといった、感覚による選別になってしまう傾向があるので注意が必要です。

多くの企業の場合、この領域の顧客数が最も多くなる傾向にあるので、思い切った「決断」をすることが必要です。決断をしないと「ムダ」はいつまでも存在し続けます。具体的に検討を進めると「例外措置」を検討しなければならない場合が発生します。

例えば、最近取引を始めた新規取引顧客で現段階では売上貢献度は低いが、今後2年くらいで大きく伸長する可能性が高い顧客が存在するとしましょう。

この顧客は「捨てる」顧客ではありませんので、例外的に「攻略先顧客」にするという措置をします。

例外措置を検討する時に精神論や希望的観測は考慮の材料にしてはいけません。伸長するというなら、それなりの根拠を示す必要があります。

・超優良顧客・・Aランク
・攻略先顧客・・Bランク
・成り行き客・・Cランク
・見切り客・・・Dランク

このようなランク名を付けて、営業マンとして、あなたが「重点的に営業行為をする」のはどのランクの顧客で、「捨てる」のはどのランクの顧客か、それを決めていくのです。

同じような手順と思考で商品・サービスも検討します。

先述の手順で商品の棚卸しを実施し、商品がプロット（次頁図中の点のように座標に示される）された領域を左図のように四つの領域に分けます。つまり、絞り込むための判断軸を描くのです。

次頁の図をご覧ください。直感的にご理解いただけると思いますが、少しだけ解説をしておきます。

積極的に売り込みをかける商品を決めよ

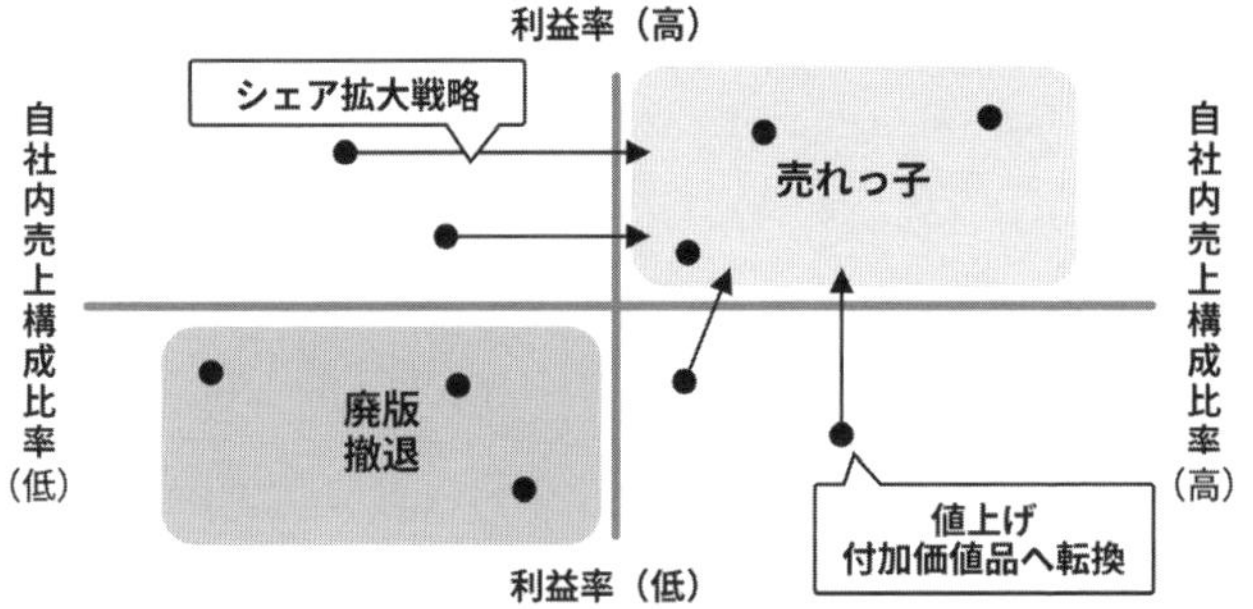

売れっ子	現状の営業活動を継続
左上ゾーン	積極的に販売展開し、売上拡大を図る
右下ゾーン	値上げ　or　付加価値品への転換　の検討
廃版・撤退	廃版か撤退　営業マンが工数を使って売らない

【廃版・撤退のゾーン】・・・利益率も売上貢献度も低い商品。廃版もしくは撤退すべき商品です。このゾーンの商品・サービスは、営業マンが工数を使って売る行為をしてはいけません。

【売れっ子ゾーン】・・・利益率も高く、売上貢献度も高い商品。今のまま放っておいても売れる商品が多いので、現状の営業活動を維持します。

【左上ゾーン】・・・利益率は高いが売上貢献度が低い商品。この商品は何とか売上を拡大したい商品になります。顧客内のシェア拡大を積極的に進めるなどの方法を、戦略的に実施していくべきです。

【右下ゾーン】・・・利益率が低いが、売上貢献度が高い商品。これに該当する商品

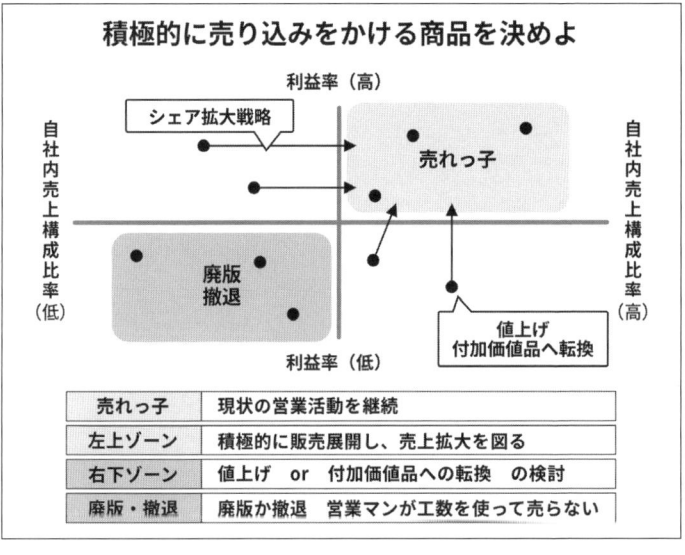

の数は少ないが存在します。今のままでの営業活動配分で売り続けることも選択のひとつです。一般的には「値上げ」を検討する商品ですが、コロナ禍で値上げは難しいので、「付加価値品へ転換」という方法を戦略的に実践することをお勧めします。現状の商品に顧客の声を反映させ、新機能や新用途を少しプラスして、ついでに価格もアップさせる戦略です。

ここまで、分析によって区別した四つの領域をご説明しましたが、業種・業態によっても、分析軸や判断基準は異なります。その場合の対処方法は、個別事情をお聞きしつつ検討する必要がありますので、個別にご相談ください。

ただし、個別事情を加味しすぎて、「扱うだけムダ」な商品に固執することだけは避けなければなりません。昔からの慣行や愛着に拘らず、データの示す事実に基づいて大胆に選別しましょう。顧客の分析はやっているが、商品まではやっていないという会社が多いように思います。ぜひ、実践してみてください。

ここまでの分析による「選択」で「顧客」×「商品」＝どの顧客と、どの商品に重点的に営業をかけていくべきかが決定したのではないでしょうか？　同時に、「行かない先」、「売らない商品」も決定したと思います。

ムダをとり、本来やるべき営業行為に集中する。そこに頭脳と時間と足を投入することで、顧客の会うべき20％のゾーンに選ばれる営業マンになりましょう。

ここまでの手順についても、**解説動画（https://mudatori.top/book-mudatori3）**を作成しています。ぜひこちらも併せてご覧ください。

5 営業業務も棚卸し、非効率な業務は排除する

本来やるべき営業行為に集中するためには、営業にまつわる業務も棚卸しを行い、「ムダ」を特定し、排除することが必要です。排除と言うと語弊があるかもしれませんが、「生身の営業マンが工数を使ってまでやらない」と、いうことです。

さて、一般的に営業の業務、特に社内業務には、どのような作業が存在するでしょうか？　あなたが今、営業業務として実施している内容を書き出してみてください。

出勤してから、退社まで何をやっているか、イメージして書き出すとスムーズです。

朝礼
メールチェックと返信
スケジュール確認
スケジュール調整
電話対応
見積書作成
提案書作成
各種会議
受注処理（オーダーエントリー作業）
クレーム処理
日報作成（SFAへの入力）

などなど、様々な営業業務が出てきたと思います。
それらを以下の観点で5段階評価します。

1）社内外の誰かの役に立っているのか？（役立っていない＝5）

2）本当に「あなた」にしか、できないコトか？（私しかできない＝0、誰でもできる＝5）

3）他の業務内容と重複（ダブリ）していないか？（重複あり＝5）

4）ムダなお金を発生させていないか？（発生している＝5）

例えば、1）の問いについて考えてみましょう。営業マンが報告資料を作成しているとして、これが誰かの役に立っているか？　という評価をします。

上司がチェックして活動の分析などに使っているなら評価は高くなりますが、誰も見ないし何のフィードバックもないなら、誰の役にも立っていないので、評価は「5」です。「ムダ」という認定がなされます。

本当に「あなた」にしか、できない事か？　という2）の問いは、必ず各業務について実施してください。営業部門の中に代わりにできる方がいない場合は、社外へのアウトソーシングや他部門へ委ねる方法もあります。方法論の前に、客観的に棚卸しを実施しましょう。

会議とミーティングなら、議論している内容を棚卸しして、同じことが議論されて

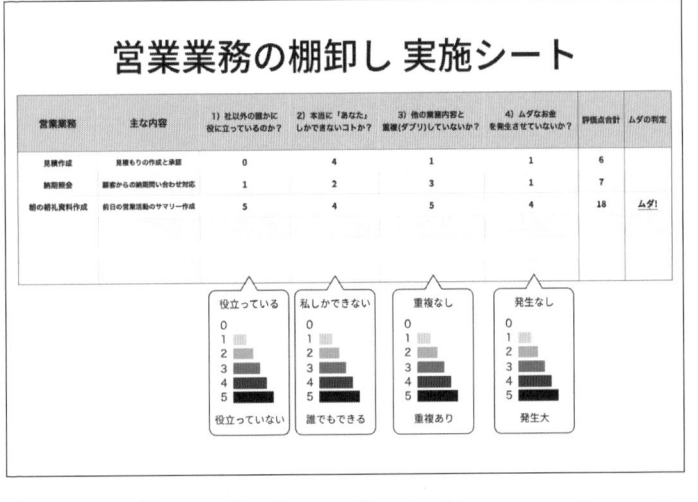

営業業務の棚卸し 実施シート

営業業務	主な内容	1) 社以外の誰かに役に立っているのか？	2) 本当に「あなた」しかできないコトか？	3) 他の業務内容と重複(ダブリ)していないか？	4) ムダなお金を発生させていないか？	評価点合計	ムダの判定
見積作成	見積もりの作成と承認	0	4	1	1	6	
納期照会	顧客からの納期問い合わせ対応	1	2	3	1	7	
朝の朝礼資料作成	前日の営業活動のサマリー作成	5	4	5	4	18	ムダ!

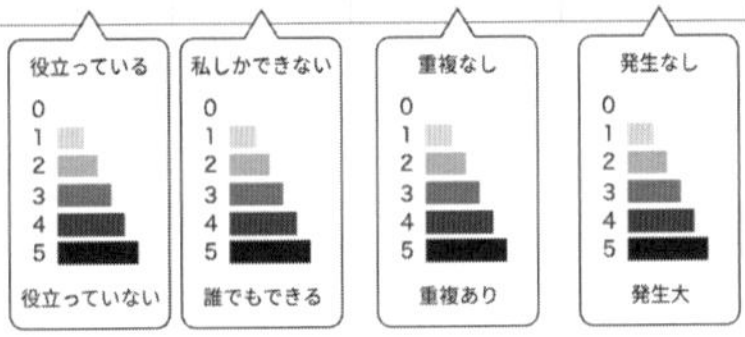

いるなら、統合して不要な会議を減らせばいいのです。そもそも価値が無い会議やミーティングなら「廃止」すべきです。

このように現状を素直に棚卸しすることは、とても重要です。これは、コンサルティング手法の「現状分析」をしていることになります。

ぜひ上記の「営業業務の棚卸し　実施シート」を使って、実践してみてください。見えない「ムダ」が出現してくるはずです。

そもそも、見えているムダであれば既に排除されています。見えない（見えていない）ムダを取り除くことを意識してください。

ムダと認定した、もしくは営業マンが本来やるべき業務ではないと認定した営業事務は、以下の方法で対処を検討します。

①そもそも、その業務自体が「ムダ」なので、廃止する
②事務員さんやアシスタントに業務を委ねる
③ITツールの活用や導入を検討する
④アウトソーシングする（社内他部署、社外）
⑤帳票や資料を統廃合し、作成枚数を減らす
⑥会議やミーティングは内容を見直し統廃合する

営業業務の棚卸しと「ムダ」の排除の方法も、**詳細説明を動画（https://mudatori.top/book-mudatori4）**で実施していますので、こちらも併せてご覧ください。

さて、ここまでで世古式「営業ムダとり」術　STEP1の『捨』が完了することになります。繰り返しになりますが、いくら分析しても「決断」をしなければ「ムダ」はなくなりません。決断のない分析は徒労に終わります。

「ムダとり」を実施する目的を明確にし、分析結果に基づく「決断」をして、ムダを省き、注力すべき活動に専念できるようにしましょう。

それでは次章は「分析」から一転して、勇気を出して「断つ」技術を身につけていただきます。

第5章

世古式「営業ムダとり」術

STEP2『断』

世古式「営業ムダとり」術『捨』の次は『断』となります。

実は、3つのＳＴＥＰの中で最も効果が早く出るのが本章で実践する『断』です。

『断』とは、成果のあがらない仕事は断り、取り組まないことを意味します。

『捨』は今まで存在した「ムダ」を排除する戦術ですが、『断』は未来志向で、これから起こりうるだろう、ムダな活動を早い段階で排除する戦術です。

1 受注率を分析する

第四章をお読みになり「この説明は卸売業や小売業を対象にしていて、私の属する業種には当てはまらない」と感じた方もおられるのではないでしょうか。それは、業種によって営業スタイルが異なるからです。

例えば、製造業や建設業の場合、営業スタイルは「案件型」、もしくは「新規顧客獲得型」になります。本章では、様々な営業スタイルに通用する、大切な提言をさせていただきますのでご安心ください。

質問です

あなたの会社の受注率は何%ですか？

$$\frac{受注数}{見積提出件数} = \underline{\qquad\qquad}\%$$

まず、ひとつ質問させてください。

Q：「あなた」もしくは、「あなたの会社」の受注率はどのくらいですか？

パッと答えられた方、あなたは優秀な営業マンです！　逆に、「受注率って言葉は知っているが、どうやって計算したらいいのだろうか？」と考えた方、一緒にここから学んでいきましょう。

受注率の求め方には様々な方法がありますが、分子は「受注件数」で間違いはないでしょう。問題は分母です。こちらは、「見積提出件数」とか「案件化数」のいずれかが適当かと思いますが、案件化数というと、営業マンによっても判断が異なるので、「見積提出件数」で考えると良いでしょう。

受注率は、受注件数を顧客に向けて提出した見積の件数で割ることで算出されます。これを理解した上で、**あなた、もしくは、あなたの会社の受注率を計算してみましょう。**

直近、2ヵ年くらいの月毎の推移を一覧にしておくと良いでしょう。

例えば、営業マンであるあなたの受注率が30%だったとしましょう。この数字が高いか低いかの評価は、業種や属する集団によっても異なります。

実は、世古式「営業ムダとり」術としては、この30%の受注率に着目するのではなく、**70%の受注できなかった案件に着目します。**

受注できなかった70%の失注案件（商談）にもコストがかかっています。

・**見積を提出するための工数（金）**
・**顧客に見積を提示して、説明して、値段交渉して、という営業工数（金）**

これらを費用換算すると、相当な金額になるはずです。ここに「ムダ」が発生していることは明白です！

全ての失注案件が「ムダ」とは言い切れませんが、70%の中には「完全に当て馬的なできレースだった」、「そもそも予算が最初から厳しすぎて無理だと思っていた」なんて事がありますよね？　これが「ムダ」なのです。

案件型営業のイメージで解説しましたが、これは新規開拓型営業の場合も同じです。成約できなかった新規開拓先の中にも「最初から無理だと思っていた」、「獲れる気がしなかった」という「ムダ」な活動はなかったでしょうか。

2 「お断り基準」を設定しておく

では、「ムダ」な案件を深追いせず受注率を高めるためには、どうしたらいいのでしょうか。逆転の発想で考え、最初から「お断り基準」を決めておくことが重要です。

「ちょっと待ってください。コロナで引合いも減っているのに、断るなんて・・・！」

そう感じたあなた。断るのが怖い気持ちは、よくわかります。

しかし引合い案件が少ないからと言って、無理な案件にしがみついて受注につながるのでしょうか。薄々無理だとわかっているのに、無理して追いかけて、工数を使って、そしてやはり最終的には獲れない。次の案件にシフトするのにも引きずったりする。モチベーションも下がる。上司からも叱られる。まさに悪循環です。

こんな悪循環に陥らないためにも、あらかじめ「お断り基準」を設定しておくのです。

しかし、営業マン各個人が個別に判断をしていては、ムダはとれません！　なぜかといえば、

・営業マン個人の状況（混み具合）で受注率が上がったり下がったりする
・受注できなかった場合に「個人」の責任になってしまう
・営業マンは全ての案件を追いかけたい傾向にある
・個人の判断基準がバラバラ

からです。会社として、組織（チーム）として、基準を明確にすることがとても重要なのです。

では、どのように「お断り基準」を設定すればいいのか、具体的に説明します。「お

断り基準」の設定作業には、できれば、あなたの営業部隊の同僚や上司にも参加してもらってください。

まず、ポストイットを用意します。1枚のポストイットに1つ、直近半年の「失注要因」を書き出します。あるだけ全部書き出します。

次に、直近半年の「受注要因」を書き出します。

書き出せたら、ホワイトボードに「受注要因」、「失注要因」を分けて、ポストイットを貼っていき、グルーピングします。さらに、グルーピングした失注要因の内容を個別に検討します。

「この要因ごとに案件の取捨の判断をするとしたら、どのような情報を収集すべきか？」これを考えて決めていけばいいのです。受注要因も同じ手法で検討します。

最後に、情報収集すべき項目を並べて整理します。これが、判断基準となる項目になります。

例えば、価格で失注しているとしたら、先方の予算を聞き出すことが必要です。もしくは、会社の業績を聞くことが必要かもしれません。価格で失注→「顧客の予算」、

実践ワーク

会社として取組まない案件（物件）の基準を少し考えましょう。

最近の失注要因を洗い出します。

取組まない基準を決めて書き出してみましょう。優先順位も付けてください。

「会社の業績」が判断基準の材料になるのです。

予算がこちらの推察する金額とかけ離れている場合、「お断り」する、「追わない」と判断することになります。

他の要因も同じ手順で検討していきます。そして、最終的にはそれらをシートにまとめ、営業マンに持たせて営業活動をするようにします。

実際に引合い発生時に、シートに書かれている項目をキチンとヒアリングすることが大切になります。

3 組織として意思決定する仕組みを整える

ここまでの実践ワークでは、あくまでも判断材料の情報を収集したに過ぎず、組織で判断したことにはなりません。では、収集してきた情報をどのように活かし、組織で判断していけば良いのでしょうか。

私がお勧めしているのは、**「案件選別会議」を創設**し、組織で意思決定する仕組みを整えることです。案件ごとに個別に会社内で相談している時間が確保できない場合が多いので、発生案件数にもよりますが、2週間に1回くらいの開催を目安として、その期間に発生した「案件」もしくは「新規顧客の引合い」の選別をその会議で実施するのです。この会議には社長、役員、各部門の責任者、営業担当者が出席します。

私のクライアント企業では「社長の出席は必須」としています。同時に、製造業であれば、製造部の責任者、設計開発部門長、購買部門長など営業部門以外の部門の責任者に必ず出席いただいています。**「会社として意思決定できる方の出席」が必要**と考えているからです。

案件選別会議の中で行うことは、

- **収集してきた選別基準の項目を確認する**
- **現状の会社の状況から判断して「追う」、「追わない」を決める**
- **「追う」条件などがある場合、その場で条件を決める**
- **「追わない」理由を明確にする（お客様への伝え方を決める）**

決定事項は「会社の意思決定」となるようにします。

例えば、予算的に厳しい案件だが、製造部の稼働差損が出ないように、この案件は「追う」、という意思決定をする場合もあります。逆に、今は開発部門の工数が不足気味なので、「収益性の高い案件に絞って取組む」、という意思決定をする場合もあります。

これらの意思決定ができるメンバーを個別に集めることは難しいので、会議体にした方が効率的です。また、営業マンが個別に社内を根回しして回る工数も省けて生産性が高まります。

既に三十数社でこの仕組みを創り実践していただいていますが、効果は覿面です。

・「受注」、「失注」が営業マン個人の責任になることが無くなった。
・全社視点で考え意思決定することが可能になった。
・案件やお客様の「見える化」が可能になった。
・今、市場で求められていることが社内で早く共有されるようになった。
・競合の動きも把握することが容易になった。

というのが、私のクライアント企業から寄せられた声です。ぜひ、実践してみてください。

4 収集できた情報はデータベース化する

「追う」、「追わない」という判断を正しくするための判断基準項目を決定し、これらの収集した情報をシートにまとめて営業マンに持たせる、と前項（2、「お断り基準」を設定しておく）でご説明しました。

しかし、多くの企業では、SFA（営業支援システム）を導入し、案件情報や新規顧客情報の画面にこれらの判断基準の項目を作成し、日々の活動後に入力しています。今後のデータ分析のしやすさを考えても、シートに手書きなどではなく**ＳＦＡ（営業支援システム）に登録し、共有することが望ましい**と思います。

実は私は、今でも株式会社ＮＩコンサルティング（http://www.ni-consul.co.jp/）の仕事をさせていただいています。ＮＩコンサルティングのＳＦＡは優れもので、これらの判断基準項目が自由可変に作成できるのです。この仕組みを利用し、私のクライアント企業では様々な改善が実践され、効果をあげています。

営業マンが収集した情報を瞬時に営業部門内、場合によっては営業部門以外の幹部や社員が閲覧することができます。

案件選別会議では、この画面をプロジェクターで投影していますが、参加者のほぼ全員が事前に該当案件の詳細情報を確認してから、会議に参加してくれますので、非常に効率的に会議が進行します。

また、会議で確認したい内容が事前に開発部門の責任者から営業マンに伝達され、個別で議論し調整されることになり、会議では迅速な意思決定がなされるようになり

株式会社NIコンサルティング社　SFA画面▼

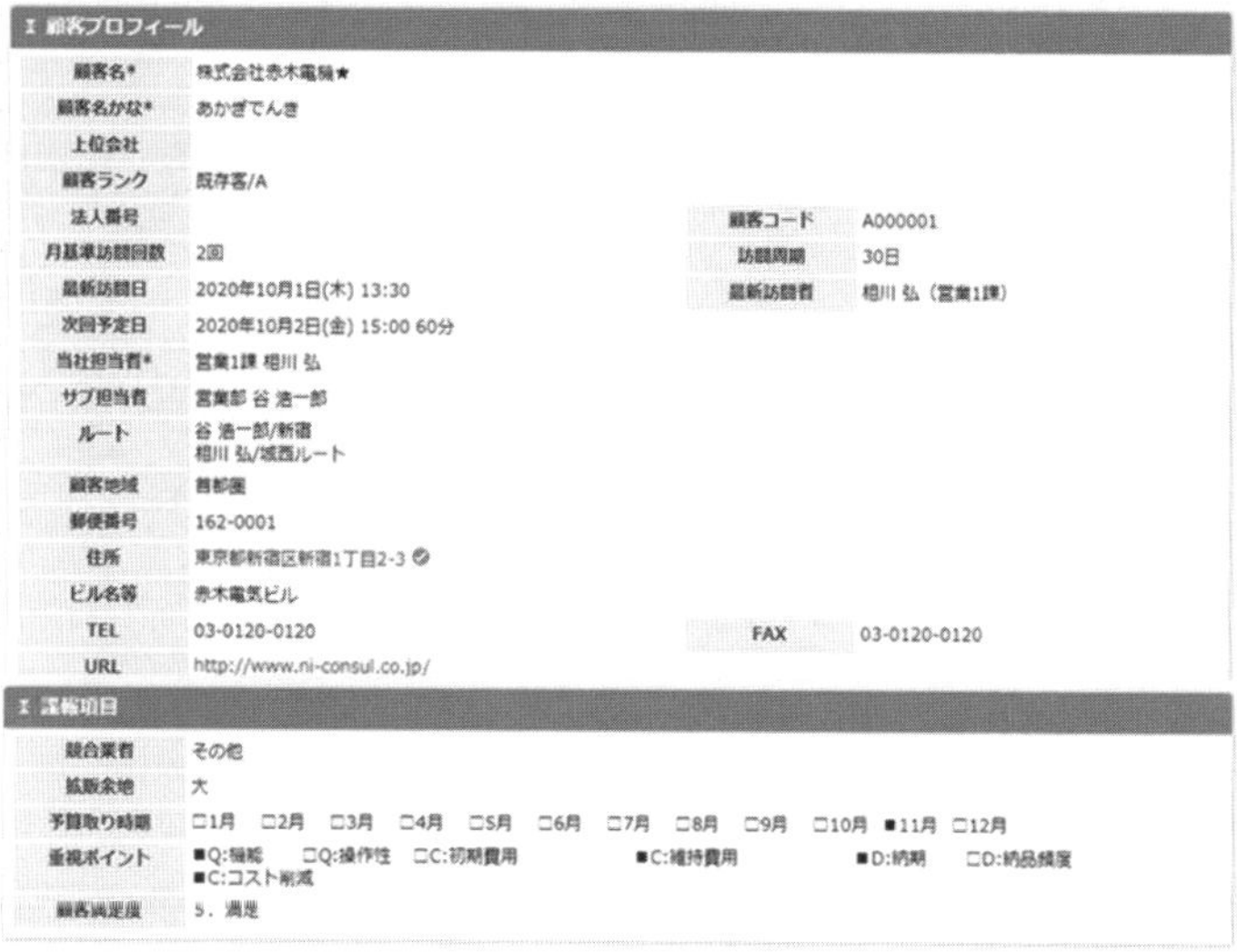

I 顧客プロフィール			
顧客名*	株式会社赤木電機★		
顧客名かな*	あかぎでんき		
上位会社			
顧客ランク	既存客/A		
法人番号		顧客コード	A000001
月基準訪問回数	2回	訪問周期	30日
最新訪問日	2020年10月1日(木) 13:30	最新訪問者	相川 弘（営業1課）
次回予定日	2020年10月2日(金) 15:00 60分		
当社担当者*	営業1課 相川 弘		
サブ担当者	営業部 谷 浩一郎		
ルート	谷 浩一郎/新宿 相川 弘/城西ルート		
顧客地域	首都圏		
郵便番号	162-0001		
住所	東京都新宿区新宿1丁目2-3		
ビル名等	赤木電気ビル		
TEL	03-0120-0120	FAX	03-0120-0120
URL	http://www.ni-consul.co.jp/		

I 諜報項目	
競合業者	その他
拡販余地	大
予算取り時期	□1月 □2月 □3月 □4月 □5月 □6月 □7月 □8月 □9月 □10月 ■11月 □12月
重視ポイント	■Q:機能 □Q:操作性 □C:初期費用 ■C:維持費用 ■D:納期 □D:納品頻度 ■C:コスト削減
顧客満足度	5．満足

ました。

さらに有益なのは、営業マンが収集した各項目の情報が、データベース化できることです。

中には、ここまで教えてくれたのか！という貴重な情報も存在します。これらは、営業活動と言うより、諜報活動で得た情報なので、蓄積する価値がかなり高いのです。

その理由は、

①直近の案件を失注したとしても、次の引合い時に過去の情報として活用できる

②他社で類似の案件が発生した場合、進捗の参考になる

③担当営業マンが異動や退職した場合でも、

情報が蓄積されている

④受注できた場合、引合い発生から納品まで一気通貫で顧客とのやり取りが残る

⑤案件分析の基礎データとして活用できる

このように、ＳＦＡの活用は、営業マンであるあなたにとっても、良い事ばかりです。ですから、きっちりヒアリングを行い、諜報活動で入手した情報をＳＦＡに投入することが必要です。

上司がやれと言うからやるのではなく、将来の投資としてこれらの作業は実施すべきです。この点はぜひ、強調しておきたいところです。

もし、今でも紙やExcelなどで管理されている営業マンがいれば、ご一報ください。ＳＦＡをご案内させていただきます。

ここまでの第五章で『断』について、説明をさせていただきました。『捨』は今ある「ムダ」を排除する戦術で、『断』は、入ってくるムダを事前に排除する戦術です。こちらの二つの戦術を実践いただくだけでも、社内にある、これから発生する「ムダ」はかなりの確率で除去できます。

次は、「断捨離」最後のＳＴＥＰの『離』の章になります。

「物事はツメが肝心」といいますが、それは営業でも同じということは、読者の皆さんは身をもって体験されている方が多いかと思います。

断捨離も最後の『離』がスマートに終わらないと、せっかくの苦労も水の泡になります。気を引き締めてまいりましょう！

第6章

世古式「営業ムダとり」術
STEP3『離』

世古式「営業ムダとり」術、最後のＳＴＥＰは『離』です。

『離』とは、モノへの執着から離れること。

断捨離を断行する場合、最も障壁になるのが『離』とされています。私も緊急事態宣言発令中に家内の進言もあり、洋服と本を断捨離したのですが、モノへの「執着」が一番の障壁でした。

こだわりと言うより「高かった」、「まだ使える」、「もったいない」、「想い出がある」というような「執着」です。この執着から「離れる」思い切りがなければ、断捨離は完了しません。

コロナ禍による常識の転換の時代、「あなた」と「あなたの会社」の常識も変化させる必要があります。常識を変換させて、価値転換を図ることが求められています。

そのために『離』**＝昔からのやり方から離れて、新たな取組みを始める**のです。

さあ、始めましょう！

1 オンライン集客モデルを設計し実践せよ

ここでは、コロナ禍中で一番困っておられる営業マンが多い、新規顧客の獲得について考えていきます。

テレワーク時代、これからの新規顧客獲得のためには、オンラインを主軸とした集客モデルを自社で設計して実践することをお勧めします。理由はリアルに営業マンと面談すること以外でも「充分な情報収集がしたい」と顧客が考えているからです。

①オンラインセミナーの開催（もしくはハイブリッド方式）
②オンライン展示会への出展（もしくは自社でオンライン展示会を開催する）
③動画マーケティング
④SNSなどのソーシャルメディアを使ったマーケティング

これからの時代は高度なコンサルティング営業を実践する必要がありますから、オンラインセミナーなどで顧客に「教える」ことを行っていく必要があります。

ただし、オンラインセミナーやオンライン展示会に参加いただいた新規顧客が、いきなり有力顧客になることは稀です。それらの開催を通じて、**優良な新規顧客のリストを獲得する**ことを目指しましょう。動画マーケティングもSNSを使ったマーケティングも同じ考えで設計します。

これらの取組みの中で、私が最も重視して実践しているのは、**オンラインセミナー**です。時間は60分以内が良いとされていますが、90分でも問題ありません。ZOOMなどのツールを使えば、簡単に世界に向けて情報発信ができます。

内容を設計するとき、わざわざ難しいことを講話内容にしなくても大丈夫です。事例の紹介や顧客から聞かれることを体系化して伝えるだけでも充分成立しますので、ぜひ、皆さんもトライしてみてください。

オンライン展示会を私のクライアント企業でも開催していますが、残念ながら、私はここのノウハウは持ち合わせていません。私の大親友の清永健一（きよながけんいち）氏が展示会の第一人者であり、助言をいただくことが多いです。オンライン展示会に興味のある方は、一度清永さんが代表と務める「株式会社展示会マーケティング」

のホームページを見てみてください。

○清永健一さん代表（株）展示会営業マーケティングホームページ
(https://tenjikaieigyo.com/about/)

セミナーも展示会も、リアルで開催する方が良いことは周知の事実です。しかし、コロナ禍において一気に広まったオンライン方式も、実際に使ってみると非常に効率的で、効果の高いものです。なにより、移動の時間やコストがかからないことは大きな魅力です。

このオンライン化への流れは一過性に終わるものではなく、これからの「常識」になっていくでしょう。中長期的な戦略として取り組む必要があります。

2 営業の流れを図式化する

オンライン集客モデルを設計し実践するとき、もうひとつ設計していただきたいことがあります。それは、**営業動線を設計する**ということです。

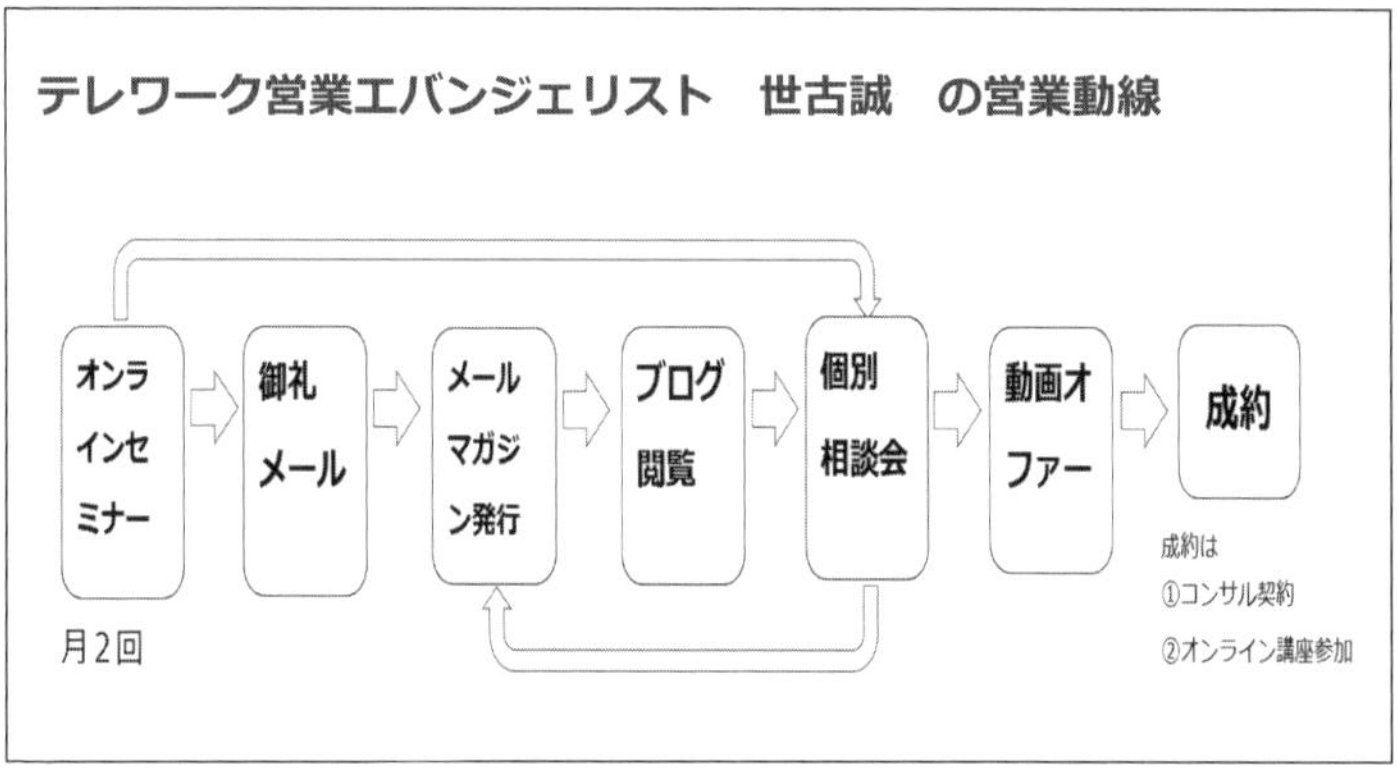

営業動線という言葉は聞き慣れないと思いますが、例えば、新規顧客のリストを獲得できた場合、その後の営業活動をどのような手順で進めていくのかを図式化して設計しておくことです。

上の図は、私の実践している営業動線です。情報提供する前に図式化してどのような流れで新規顧客を獲得していくのか「可視化」しておくことが重要です。

このように営業の流れを図式化するとき、新規顧客がどのように動くのかをイメージして作図していきます。この場合の動きというのは、心の動き「心理」の部分を重視しています。

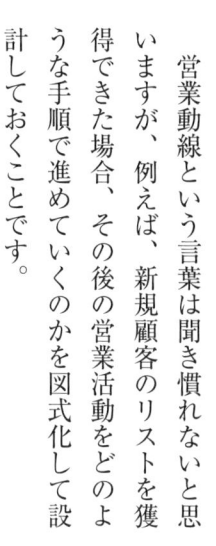

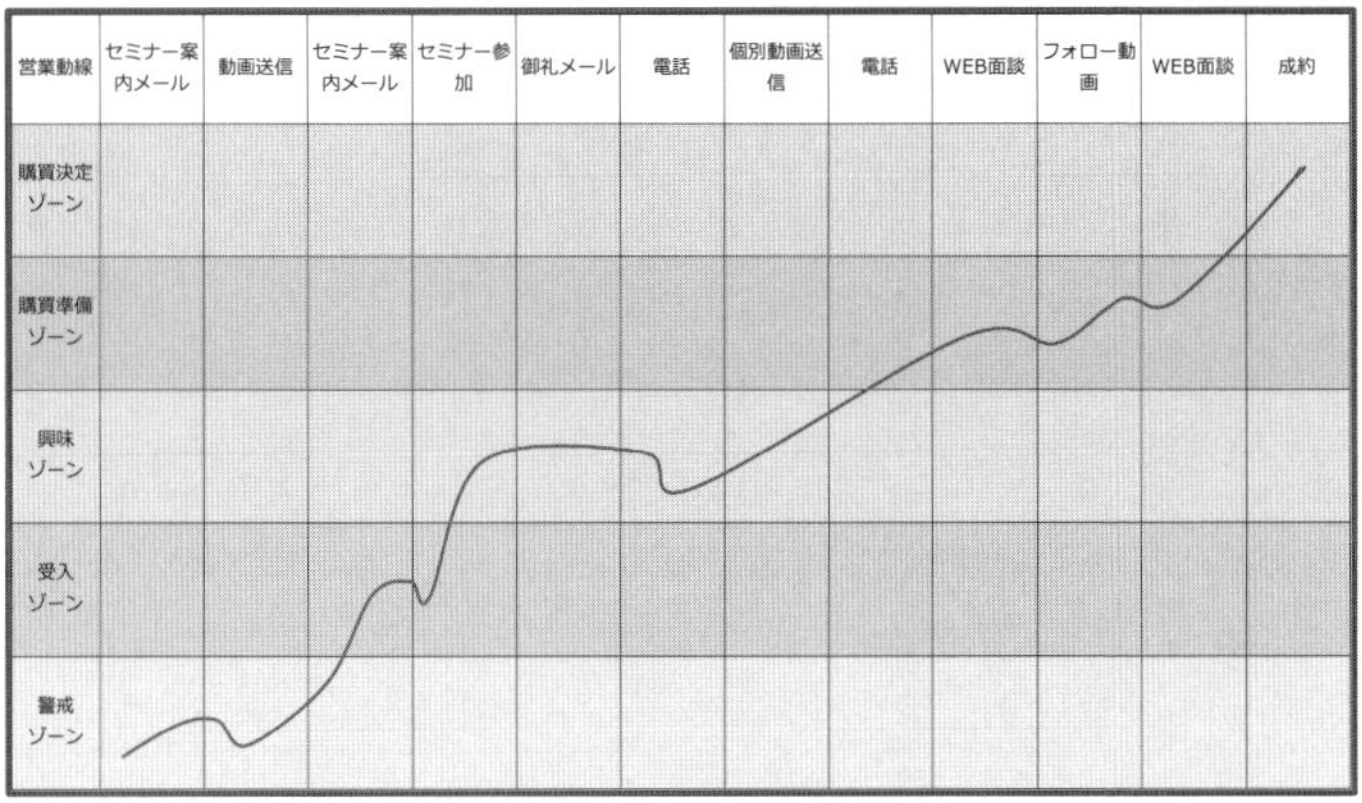

上の図は、ある会社の営業動線です（一番上のヨコ軸が動線になっています）。

この動線で描いた営業行為をしていくと、顧客の心理がどのように動いていくのかを簡単に図式化したものです。

顧客の心理は、

・警戒ゾーン→受入ゾーン→興味ゾーン→購買準備ゾーン→購買決定ゾーン

という順番で購買意欲が上昇していきます。この曲線にマッチした、アクションや情報提供を行うことが必要です。

おそらく、あなたの頭の中には、あなたの営業動線があると思います。まずはそれを書き出すことから始めましょう。できれば個人ではなく組織で相談し、書いていくことをお勧めします。営業動線を書くことは、**自社の営業プロセスの設計**にもつながるからです。

実際に私のクライアント企業でこれらの取組みを実施したとき「え、君、そんなアプローチの方法をとっているんだ」という気付きの声があがったりします。

動線が決まれば、次にどのような準備が必要なのか、例えば「ブログを書く」、「動画を2種類用意する」、など、必要な次のアクションが決まってきます。実際に動線を使って営業行為をする営業マンも、「今、どのプロセスの何をやっているのか？」を意識しながら取り組むことができます。

新規顧客のリード獲得からの動線の説明をしてきましたが、必要があれば、次のような観点でそれぞれ、動線設計をする必要があります。

- **既存顧客の掘り起こし**
- **既存成約客への追加購入の推進**
- **失注客への再アタック**

・オンライン展示会からの動線

このような動線を設計すると、「動画」を多用すべきという意見が多く出てくるのが現状です。5G時代には動画を使った情報発信がメインになるといわれています。DX（Digital Transformation）が起こることは確実なので、ここへの備えも重要な取組みになります。

3 Web面談につなげる1 to 1動画を配信する

コロナ禍中に動画を初めて撮影したという営業マンも多いと思います。

今や動画は、スマホ一台あれば誰にでも簡単に撮影することができます。しかし、漠然と撮影して配信しても、営業効果は得られません。最初に重要なのは、何の目的で動画を作成するのか絞り込み、区別することです。

・単なる集客目的なのか？

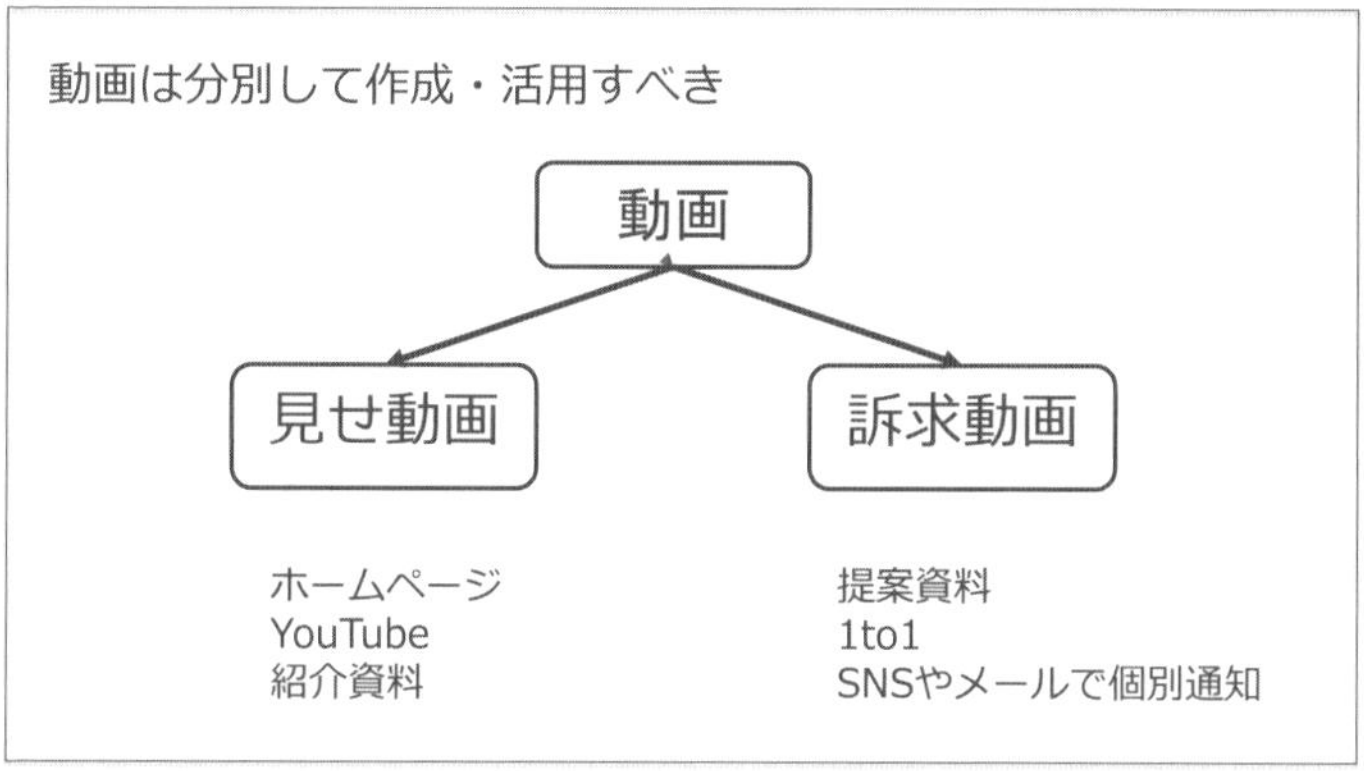

・商品やサービスを説明することが目的なのか？

・個別のシナリオを訴求する目的なのか？

上の図は、世古式「営業ムダとり」術の動画のあるべき姿です。**動画を2つに区別してシナリオを作成し、配信する**ことが必要です。

図にあるように、ひとつは**「見せ動画」**で、主に会社案内や商品・サービスの紹介を動画にし、ホームページやYoutube、紹介資料の中に組み込むのです。こちらは、今までのホームページの代用になると考えます。

もうひとつは**「訴求動画」**として、「見せ動画」とは明らかに区別し、「1to1」の訴求動画として「あなただけに届けるメッセージ」にするのです。動画やメールだけでクロージングできることはありませんので、「記憶に留めていただく」ことを目標に作成します。

あなた自身であまり手間暇かけずに撮影して、メールやSNSでお送りするのです。スマホを利用すれば簡単です。私はZOOMを使って、一人会議にしてそこで撮影した画像をお送りしています。超簡単です。

そして、大事なのは中身です。

・**そもそもの会社の説明も変えてみる**
・**商品の特徴を伝えるのではなく顧客のメリットを訴求する**
・**こちらの都合を伝えるのではなく、顧客の成功シナリオを話してみる**

これを「1to1」=あなただけのメッセージとして作成し、2分以内にまとめてお送りするのです。送るときもSNSで個別メッセージにすると開封率は高くなります。

顧客のメリット訴求と成功シナリオの作成方法は第七章で解説しますので、併せて取組んでください。オンラインやＷｅｂの世界であっても「あなただけのメッセージ」にしてお届けすることで「心と心が通い合う」関係性へ発展することができるのです。

ぜひ、実践してみてください。

4 顧客の「ダム」を「ムダ」にしない飛び道具

次に動線を設計するときに、何度か登場する「メール」について考えておきましょう。オンラインセミナーやオンライン展示会を開催して、獲得したリストに対して、設計した動線に沿って営業活動を展開しても、全て順調に動線通りに進まないのが営業というものです。

そこで考えておかないといけないのは、**顧客の「ダム」を活かす「ダム式営業法」**です。

ある程度のところまで商談として進んでいたのに、何らかの要因で顧客の検討がＳＴＯＰしてしまうことがあります。しかし、そこまでの段階で様々な顧客からの情報が入手できていることになります。

これらの優良な情報をデータベース化して「ダム」として蓄積するのが「ダム式営業法」です。

そこで、

・せっかく収集した顧客情報を再利用しているか？

・撤退基準となり見切った顧客情報を蓄え、「ダム」にしているか？

・そもそも「顧客のダム」を造っているか？

という、チェックをあなた自身でやってみましょう。

テレワーク時代の営業行為としては、顧客の**「ダム」をムダにしない非接触な仕組みづくり**が重要になります。

電話での掘り起しも非接触です。メールマガジンの送信や動画マガジンの定期配信なども有効かもしれません。

あなたの顧客の求めている方法で情報提供を続けていくのです。

実践ワーク

現在運用中のダムへのアプローチ方法も含めた棚卸しをしてみましょう

	ダムの種類	ダムへの情報提供手段	反応があった時のリアクションシクミ
例）	提案後音信不通	メールマガジンの発行	オンラインセミナーへの参加

上の表を使って、「ダム」の棚卸しとアプローチ方法を検討してみます。「ダム」の種類としては、例にあるように「提案後音信不通のダム」など、営業動線内の、どのプロセスで発生した「ダム」であるかを棚卸しするのです。

そして、「ダム」への情報提供手段を考え、反応があった時のリアクションの仕組みまでを考えておいて、情報提供時に行動要請をしておくのです。

この節の内容は**動画**（https://mudatori.top/book-mudatori5）で詳細説明をしていますので、そちらも併せてご覧いただき実践してみてください。

5 営業の付加価値を高める

この章での最初で説明した「1節から4節まで」を完全に組み立てて実践することで、**あなたの営業のバリューチェーンが完成します！**

つまり、誰もマネができない、オリジナルな営業活動の流れができます。これは他社との差別化にもなり、顧客へのバリューの提供にもつながるのです。これからの次世代に必要な、非接触の要素も全て含まれます。

早くこれらの設計に着手し、必要な準備を整えて実践に移すことが、テレワーク時代に売上を向上させる唯一無二の取組みなのです。

決して、今までの延長線上で戦略構築しないことが必要で、思い切って過去と現状から「離れる」発想が重要となります。本章ではそのエッセンスをお伝えしたつもりです。

さて、これで『離』の実践も終了です。

そして、世古式「営業ムダとり」術、3つのＳＴＥＰ【捨・断・離】もここでいったん終了となります。ここまでお疲れさまでした。読み進めながら、また、動画のワークを実際に実践しながら、あなた自身が「ワクワク」してきたでしょうか？

入社してから、上司や先輩に言われるがままに、営業活動や業務を行っていた方も多いと思います。しかし、コロナがそれを変えるチャンスをくれたのです。

この【捨・断・離】3ＳＴＥＰを実践いただくことで、あなたの営業ライフが豊かになり、あなた自身の生き方も明るいものになることをお約束します。

ここで、読者の皆さんにお詫びしなければなりません。

さきほど**「あなたの営業のバリューチェーンが完成します！」**と締めましたが、実はさらに、**あなたの営業の付加価値を高める方法があるのです・・・。**

もちろん、これからそのやり方をお伝えしていきます。

「売り手よし」、「買い手よし」、「世間よし」
「働き手よし」、「企業よし」、「お客様よし」

このように、誰もが幸せになる、夢のような仕事術です。

第7章

世古式「営業ムダとり」術

最終STEP『三方よし』

1 顧客の視点に立って考える

この章では、さらに他者に追随を許さない営業へと昇華させるメソッドをお伝えします。

それは、**世古式「営業ムダとり」術の3つのSTEP【捨・断・離】に、さらに近江商人不変の法則『三方よし』の法則を加えて、事業を再点検することです。**

【近江商人不変の『三方よし』の法則】
「売り手よし」「買い手よし」「世間よし」

実は、ここまでのSTEP1～3までは、『三方よし』の「売り手よし」について実践してきたのです。

『三方よし』は、残りの2つ「買い手よし」、「世間よし」が揃ってはじめて成り立ちます。

世古式「営業ムダとり術」断捨離+三方よし

	断	捨	離	三方よし
本来の意味	入ってくる要らないモノを断つ	不要なモノを捨てる	モノへの執着から離れる	近江商人 不変の法則 「売り手よし」 「買い手よし」 「世間よし」
営業としての断捨離の解釈	成果が上がらない仕事は断り、取り組まない	活動の要らない部分を捨てる	昔からのやり方を見直し、新たな取組を始める	
本書での解説	第5章 営業ムダとり術 STEP1「断」	第4章 営業ムダとり術 STEP2「捨」	第6章 営業ムダとり術 STEP3「離」	第7章 営業ムダとり術 最終STEP 三方よし

本節では、まず「買い手よし」についてご説明していきます。

今まであなたの会社で行ってきた企業活動は、本当に「買い手よし」という状況だったでしょうか。テレワーク時代の今、価値観が変わり、常識も変わる時代ですから、思い切って社風やビジネススタイルも変革できるチャンスが到来しています。

まさに今、自社のビジネスモデルが「買い手よし」のものであるか、再点検すべきです。

以下の問いを、あなた自身にしてみましょう。

・自社の都合だけでビジネスモデルを作っていないか？
・買い手である「顧客」がメリットを享受しているか？
・顧客のメリットが正しく伝わっているか？
・買い手のメリット発生を確認しているか？

この先の環境変化を予測してビジネスモデルを再定義する作業に入ると「買い手」、つまり「顧客」の視点を忘れがちになります。そんな時は顧客のメリットを、顧客の立場になって考えてみることが一番近道です。**単に売ることだけではなく、市場での顧客の声を反映できる仕組みも含めて、ビジネスモデルを再構築すべきです。**

買い手は、単に「安い」、「早い」だけではない、新たな付加価値を求めているのかもしれません。顧客の望む新たな価値は何なのか、顧客の立場で考えてみてはいかがでしょうか。それが、「三方よし」でいうところの、「買い手よし」ということなのです。

テレワーク時代に突入して、顧客の購買行動や情報収集過程が大きく変化したはずです。

Ｗｅｂ上では、様々な情報が溢れるようになってきました。日々、メールや動画もどんどん送られてきます。もう、情報の洪水状態です。そんな中、買い手である顧客は必要な情報を選別して手に入れ、手に入れた情報を基に、購買行動をとっていきます。そして最終的に意思決定して購入へと進むのです。

例えば、5年前と今で、皆さんが属する業界でのこの流れがどのように変化したかを検証してみましょう。特に、コロナ禍以降でどんな変化があったでしょうか。

そして、**顧客が本当に望んでいる購買目的や購入動機も一緒に整理**してみましょう。顧客の階層別に行う方が良いかもしれません。

具体的には次に挙げる内容について考察を行います。

- **購買行動の変化**
- **情報収集行動の変化**
- **購買動機の変化**
- **購買目的の変化**

要するに、顧客の内側でどのような変化が起こっているのかを突き止めるのです。

その変化の背景には、潜在的で意識していない課題や問題点があるかもしれません。そこに気付けば、**訴求ポイントが明確**になります。

例えば、パソコンを購入した顧客の5年前と現在の変化を見てみましょう。

購買行動　　量販店に行く　↓　ネットで調査・購入
情報収集行動　量販店で店員に聞く　↓　ネットで調査
購買動機　　趣味のため（音楽を聴いたり映画を観る）↓　もっとほかの事もしたい
購買目的　　趣味のため　↓　仕事と趣味の両方をより充実させたい

この変化から、訴求すべきは、「充実した生活のためにパソコンが果たすべき役割」ということが分かります。どのように充実させるべきかを顧客に「教える」ような提案がベストです。

そのシナリオを描いて、動画にして、メールマガジンにして配信すべきです。もしくは、ハンズオンセミナーをオンラインで実施しても良いでしょう。要するに**顧客が享受すべき新たな価値を考え、そのポイントを訴求**していくということです。

2 商品価値ではなく顧客価値を訴求する

　顧客の潜在ニーズに火をつけて、新たな価値を考え提案することを昔の言葉では、こう言いました。

「モノ」を売らずに、「コト」を売れ！

「モノ」つまり商品やサービスの特徴や機能を売らずに、「コト」つまり、それらが産み出す顧客メリットを売るべきだと。

『三方よし』と言えば、近江商人の教えですが、先日、久しぶりに映画「てんびんの詩」を見る機会をいただきました。この映画の中でも、「モノ」を売ろうとせず、顧客が喜ぶ「コト」を売ろう、と教えていただきました。

　第六章で動画制作について説明しましたが、動画のストーリーにこれらの内容を盛り込むことで、さらに付加価値が高まるのです。せっかくの機会なので、一緒にそのストーリーを創ってきましょう。

STEP 1

「顧客」×「商品」の組み合わせを創る

第四章の世古式「営業ムダとり」術『捨』の内容を振り返ってみましょう。顧客の棚卸しと商品・サービスの棚卸しを実践し、捨てる領域を決めて排除し、本来活動すべき顧客や商品・サービスを特定したと思います。その顧客×商品の組み合わせを考えるのです。

この「顧客×商品　組合せシート」（次頁）を使って、実在する顧客や商品・サービスの組み合わせを作成していきます。手順は以下の通りです。

①重点顧客名（あるいは人）を「対象顧客」の欄に書き入れる
②販売すべき商品・サービスを「対象商品やサービス」の欄に書き入れる
③優先順位（数字で1、2・・・）を書き入れる
④優先順位の根拠を文章で簡潔に書き入れる

顧客 × 商品 組合せシート

氏名	
会社名	

No	対象顧客	対象商品やサービス	優先順位	優先順位の根拠
	実在する顧客または顧客部署（拠点）	実在する商品・サービスが望ましい	数字を記入	優先順位を付けた根拠を記載する
	実在する顧客または顧客部署（拠点）	実在する商品・サービスが望ましい	数字を記入	優先順位を付けた根拠を記載する

実際に書き入れてみて、いかがでしたか？　新規顧客開拓型の営業の場合も、この表を使います。

意外にもここが盲点なのですが、これまで顧客のみ、あるいは商品・サービスのみで考えていた人が多いのではないでしょうか。**この「顧客」×「商品」の組合せを考えることが重要なのです。**

上司から、「あの顧客のとこへ行って売上を増やしてこい！」とか、「この商品が重点商品なので、頑張って売るように！」と指示されても、「顧客」×「商品」の組合せを設計しないと行動に移すことはできません。

STEP 2

「顧客のメリット」を売り手が考える

「よし、この顧客に商品のPR動画を作成して送ればいいんだな」

そう考えた方、不正解ではありませんが、それは普通の会社のやることです。その動画を顧客が見ても、すぐには購買行動に移ってくれないでしょう。

これを解消するためには、顧客にとってのその商品の価値、メリットを売り手が考え、訴求する必要があります。

手順を説明します。次頁の「商品価値創造シート」をご覧ください。

1）提案対象商品（サービス）を1つ選択し、書きます

2）1）を販売したい顧客を1つ選択し、書きます

3）1）の商品（サービス）の特徴をあるだけ書き出します

4）競合製品や従来品との差別化ポイントをあるだけ書き出します

商品価値創造シート

氏名　：	
会社名：	

1)提案対象商品名	
2)ターゲット顧客名	
3)対象商品の特徴	
4)競合品・従来品との差別化ポイント	
5)競合品・従来品を顧客が利用する（利用し続けた）場合に顧客に起こり得る問題点や課題は何か？	
6)顧客が対象商品を利用することで顧客が実現できる「成果」「効用」は何か？	

5）競合品・従来品を顧客が利用する（利用し続けた）場合、顧客に起こり得る問題点や課題は何か？　あるだけ書き出します

6）顧客が対象商品を利用することで顧客が実現できる「成果」「効用」は何か？　あるだけ書き出します

書き出せたら、全体を俯瞰してみてください。

3）4）で書いた内容は「モノ」の価値や特徴、6）で書いたことは、顧客の実現しうるメリットや利益なのです。このプロセスで実践したことが、「モノ」売りから「コト」売りへの変換作業となります。

コロナ禍で、にわかに動画を作成された会社の多くは「モノ」の価値や特徴を訴えているものが大半です。それでは顧客の心に刺さらないのです。

「モノ」じゃなくてウチが得られるメリット（＝「コト」）を提案して欲しい

これがテレワーク時代の顧客の本音です。ですから売り手も発想を転換し、「モノ」を売る手順を見直さなければならないのです。売り手が顧客の立場に立って顧客のメリットを考える。この作業を確実に行い、提案書や1ｔｏ1動画の内容に盛り込むことがこれからの時代は必須になるとお考えください。

ベテランの営業マンは無意識でこの作業を顧客別に実践していたと思います。それらを組織としてまとめることが必要です。

3 顧客が主役の成功シナリオを描く

前節の商品価値創造シートで考えた、顧客のメリットを実現するために、売り手である営業マンが顧客の視点になり、顧客の成功モデルのシナリオを描くことを行います。これには様々な手法があるのですが、私がコーチングで頻繁に使うフレームを応用して描きます。

◆「GROWモデル」

成長する。育む。と言いう意味のモデルです。売り手側が顧客を成長させる、育成する、教育すると捉えてください。偉そうに聞こえるかもしれませんが、顧客の成功のためにはどうしたらよいか、真剣にイメージするのです。

【GROWモデルの構成要素】

G ― Goal　　：目標設定
R ― Reality　：現実把握
R ― Resource：資源発見
O ― Options ：選択肢創造
W ― Will　　：意思確認

あなた自身が顧客になったつもりで、順番に考えていきます。

まずは、Goal：顧客の成功のGoalを考えます。次にReality：現状はどうかを考えます。この2つを考えることで、GとRの間にあるギャップが見えてきます。このギャップが顧客の抱いている問題、もしくは気付いていない問題です。

この問題を解決するために使えるResource：資源は何か？
この問題をクリアにするOptions：選択肢は何か？
その方法を選択するのにどのようなWill：意思決定が必要か？

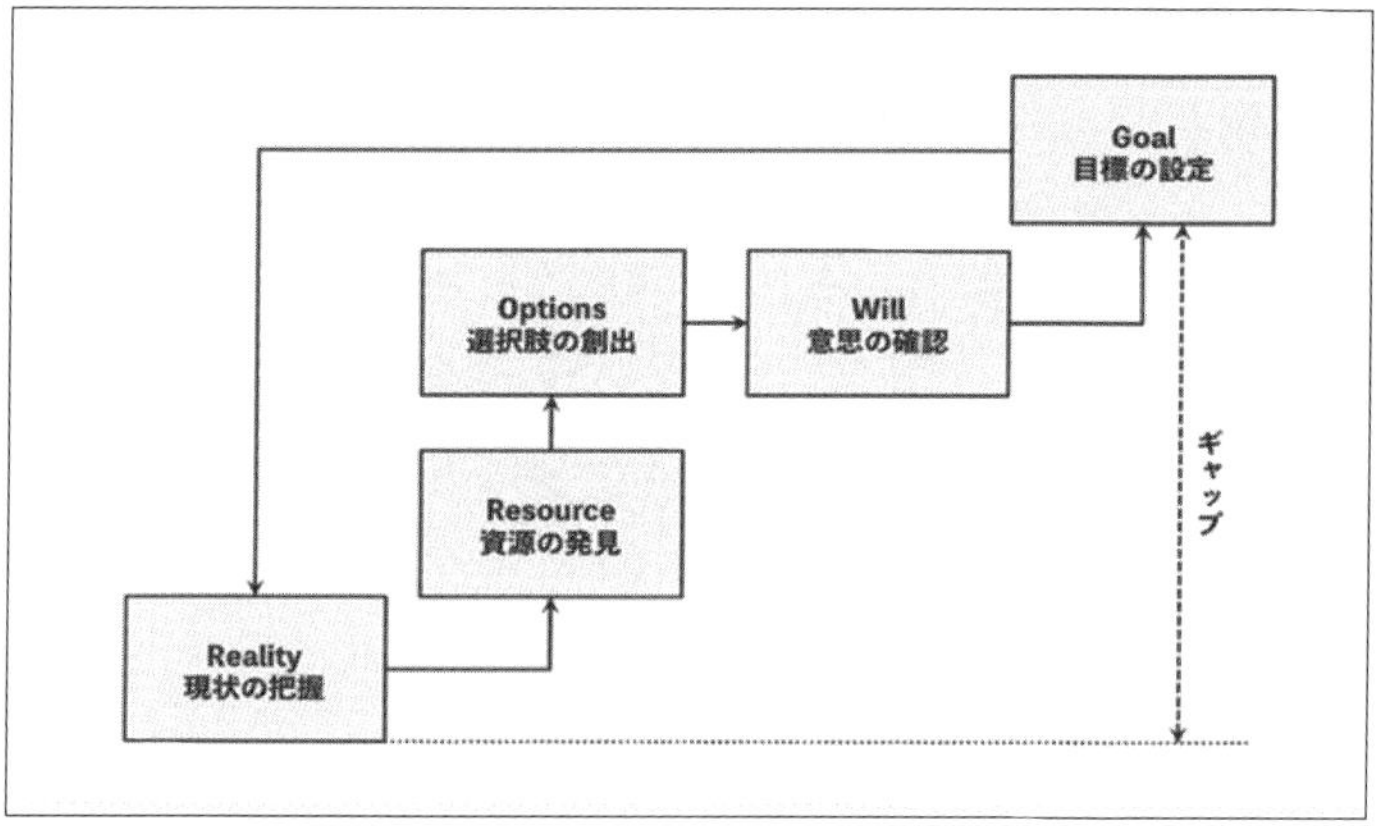

顧客の成功シナリオ作成シート

対象顧客（対象キーマン）		氏名：

		具体的な案		最終案
G	GOAL 顧客のGOALはどこか？		⇒ より具体的に表現し最優先で目指すべきGOALはどこか？	
R	REALTY 顧客の現状はどうか？		⇒ 良い事、良くない事に分類して整理する	
O	OPTIONS 顧客にとって現状を打破し目標達成するために必要な取組は何か？		⇒ それらに優先順位を付けると何を優先すべきか？	
R	RESORCE 顧客が活かせる社内外のリソースはないか？		⇒ 社内、社外、その他で分類する	
W	WILL これらの取組を実行するために顧客が決断するには何が必要か？		⇒ 必要だと思う優先順位の高い順に並べる	

この順番で考えます。これを自問自答形式で行います。コーチングではこの自問自答形式を「セルフコーチング」と呼びます。

少し難しいと思いますので、私がセルフコーチングするために作成している質問例をご紹介します。

◆セルフコーチング質問例

G：あなたの顧客の10年後の姿を想像してみましょう

R：あなたの顧客の成長度合いはどうか？

R：あなたの顧客がGOALへ向けた取組みを行うとき、活かせる経営資源（リソース）は何か？

O：あなたの顧客を客観的に第三者の目線で見て、どのような方法を取ればGOALに近づくと思うか？

W：これらの取組を実行するために顧客が決断するには何が必要か？

これは本来非公開（オンライン講座に参加いただく場合のみお渡し）のため、限られた数しか公開できないのですが、このような質問が全部で30問あります。じっくりと顧客の立場になって、思考してみるのです。

このシナリオを文面化し、1to1動画や個別メールの内容に反映させます。

その時、併せてこの成功シナリオに対して

「あなたがお手伝いすべきこと」
「なぜ、あなたなのか？」という理由の説明

この2つの内容もプラスします。

このように、売り手が顧客の事を真剣に考え、的確な成功モデルを提案し、営業動線の題材として活用することで、営業の付加価値が高まり、顧客の反応も変わってきます。

「本気で顧客の成功を考えてくれる営業マンなんだな」

「会って話が聞きたい！」

こう思ってもらうことで、顧客の20％の「会うべき人」のゾーンに入ることができるのです。

4 顧客をファン化し学習させる情報発信が重要

さらにもうひとつ、別の観点から付加価値を高くする方法をご説明しましょう。テレワーク時代の顧客はどんどん賢くなっていきます。Web上に様々な情報が溢れていますから、それを学習素材として知識を得ていくのです。その上で、会うべき人、相談すべき人を選別していく時代になります。企業対企業でも同じことが起こります。

「あの企業と関わりを持っていれば、いろいろな情報を基に学習できる」
「あの企業はいつも最先端の情報をくれる」

こんな感じで認知されていれば、顧客が課題に直面した時や、誰かに相談してアドバイスが欲しい時に、真っ先に顧客からコンタクトをしてくるようになります。

コロナ前では、これらが学会や業界の勉強会、展示会場などで繰り広げられていました。

例えば、展示会場で最先端の技術情報を見た顧客が数か月後に課題に直面したとき、「いつかの展示会で某社が展示していた内容と似ているな」と思い出し、メールで「詳しい情報を聞かせて欲しい」とコンタクトしてきていたのです。

これら一連の流れが、テレワーク時代ではＷｅｂ上で「非接触」で行われています。

つまり、顧客は常に新しい情報を得たい、学びたいと考えています。そのニーズにこたえるために、売り手が買い手を教育することが、付加価値を生むのです。

教育する＝「教え育てることであり、ある顧客（企業）を望ましい状態にさせるために、心と体の両面に意図的に働きかける」こと。

この教育を実現するためには、次のようなアクションが必要になります。

- **顧客の知らないことを教える**
- **顧客のわからないことを説明する**
- **顧客を望ましい状態にさせるために支援する**

・意図的に働きかける
・考え方と取組を変える

つまり、あなた、もしくはあなたの会社が保有している情報や技術、新たな取組みを顧客のために情報発信していくのです。

顧客×商品・サービスとの組み合わせにより、打ち手は無数にありそうです。

・売り手が、買い手の人材教育の一部を担う
・買い手の社内で実施している勉強会の題材を売り手が提供する
・業界内の最新情報を届ける
・統計データを定期的に発信する

さらに、これらの情報発信を六章の4の見出し中で説明した、「ダム」の種類に合わせて発信するのです。

例えば、顧客が製造業だとすると、若手の技術者には「基礎知識の学習」のようなコンテンツを定期的に発信し、一方、管理職以上の技術者には「社内勉強会の題材」

のようなコンテンツを定期的に発信します。今、人材の育成に困っていない企業は無いので、定期的に継続して発信することで、視聴率も上がってきます。

コンテンツは動画でもメールでもいいのです。これをコツコツ続けていきます。すると、顧客がファン化し、将来的には顧客から湧き出る水のように問い合わせや相談が来るようになるのです。

これぞ究極の「売り手よし」、「買い手よし」のマーケティングではないでしょうか？　ぜひ実践してみてください。

5 「世間よし」のチェックポイント

最後に、「世間よし」を考えておく必要があります。

「世間よし」とは、社会的に良いか？　ということです。

「売り手よし」、「買い手よし」を熟考して編み出したビジネスモデルでも「世間よし」でなければ、社会に受け入れられません。

「世間」とは、地域、環境、働き手、協力会社など、**売り手と買い手以外の全てと考える**と良いと思います。

ビジネス面で、特に意識していただくべき事は、「社会貢献」と「環境配慮」です。

セルフコーチング手法で次のポイントを自問してみてください。

①我が社の存在や提供する価値が社会に何らかの貢献をもたらすか？
②我が社の存在が地元地域に何らかの貢献をもたらすか？
③新たなビジネスモデルが従業員や協力会社に無理を強いるものではないか？
④新たなビジネスモデルが環境配慮型経営に沿ったものであるか？
⑤『三方よし』の観点で全ての「よし」が成立するか？

①〜④は必ずチェックしてください。④の環境配慮型経営が分かりにくいと思いますが、これは「SDG'S」の開発目標に該当するモデルであるか？ をチェックすると分かりやすいでしょう。以下のサイトがわかりやすいので、ぜひご活用ください。

○国連SDG'Sのサイト
https://www.un.org/sustainabledevelopment/sustainable-development-goals/

必ずしも、17の目標のすべてに該当する必要はなく、この中の項目の複数に該当すれば充分でしょう。

その上で重視していただきたいのは、①③です。①自社都合ではない「社会的な貢献」ということを必ず盛り込んでください。そして、③従業員や協力会社の人たちがワクワク笑顔で働くイメージが成立するビジネスモデルかどうかをチェックしてください。経営の根幹をなすのは「人」ですから、人がイキイキ活躍する、そういう環境整備は今後不可欠です。

⑤の問いは、ファイナルクエスチョンです。

このように『三方よし』の近江商人不変の法則に従って事業を再点検することで、他社（他者）に追随を許さない企業へ昇華させていくのです。

コロナ禍で、まだ先の見えない難しい状況にある方や、企業も多いかと思います。しかし、忘れないでください。「ピンチはチャンス！」です。アフターコロナ、テレワーク時代に適合して生き残ることで、新たなビジネスチャンスも生まれていきます。前向きな心で、実践していただくことを切に願います。

第8章

【特別対談】
体現者から学ぶ
「営業ムダとり」術の達人たちに聴く！

変化の時こそ、断捨離が重要！時代に併せた営業手法で苦難を乗り越えるべし

株式会社タオ 代表取締役社長 **井内 良三** 氏

◆井内 良三（いのうち よしぞう）

1959年徳島県生まれ、滋賀県草津市在住。株式会社タオ 代表取締役社長。滋賀県倫理法人会 会長。
1992年「自己実現を支援する」ことを目指して株式会社タオを設立し、2013年史上最高得票で「日本e-Learning大賞」を受賞した『天神』学習システムを開発する。
著書に『日本一の学習プログラム「天神」式家庭教育メソッド』（ごま書房新社）。2019年シャンソン歌手としてファーストアルバム『ヴィーブル』でCDデビュー。

・株式会社タオ　https://www.tao-st.co.jp/

世古：こんにちは、いつも倫理法人会ではお世話になっております！　今日はどうぞよろしくお願いします。

井内：こちらこそ、お世話になっております！

世古：さて最初に、株式会社タオと言う社名の意味や由来を教えてください。

井内：タオというのは中国語で「道」と言う意味です。かの老子が掴んだ真理は、「宇宙には法則がある。それは良い法則だ。」というものでした。そしてこの宇宙を形作っている法則を「道（タオ）」と名付けたのです。それは、無為自然すなわち「そないに力まんかて、このままでよろしがな」ということです。ですから、「道」ではなく「タオ」という社名にしたのです。

世古：教育用の教材ソフトの開発・販売を生業にされておられますね？

井内：子ども達の「未来に生きる力を育む」ことを願い、乳幼児から小学生、中学生、高校生まで使える家庭学習用教材「天神」を開発して、25年以上が経ちました。子どもたちが「天神」を使って、「自ら学ぶ力」を身に付け、個性を活かして豊かな人生を歩むことを心から願って事業を営んでいます。

世古：コロナの影響はいかがですか？

井内：プラスマイナスどちらもあります。塾は解約が増えたが、自宅にいるお子さん向けの教材の販売は伸びた。どちらかと言えば、プラスの面が多いです。

世古：やはり、営業がやりづらい状況ですか？

井内：25歳から飛び込み営業をして、その時もやりづらくなったと言ってる人がいました。昔は扉をガラガラっと開けて「こんにちは、ごめん下さい」と尋ねて行った。それがインターフォンの登場で、ピンポンと鳴らしても、要件を聞いて結構ですと言われるようになった。今では当たり前なんだが、当時は「やりづらくなった」と言う人がいた。でも、工夫をすることで「できた」んです。先に電話しておくとか、手紙を送るとかすればインターフォンも突破できるんです。要するに変化に併せてやり方を変えることが重要だったんです。コロナ禍の今も同じだと考えるべきです。

世古：実際にコロナを経験して、顧客が賢くなっていると思いますが、いかがですか？

井内：実は我社でも付き合う相手を吟味するようになった。昔は、会いたいと連絡が入ると全部面談をしていた。来るという方とは全てお会いさせて頂いていたのですが、コロナ以降は、事前にお会いする相手を調べて、会う価値がある、つまり何らかの価値提供をしてくれそうな方に限り面談するようになった。Ｚｏｏｍもあるので、それで済ませる相手と、リアルで面談する相手を区別するようになった。

世古：御社でもそうような変化があるということは、営業のやり方も変化させないといけないということですね？

井内：価値提供しようと思うと、しっかりした作戦を立てて攻略していく必要があり、営業としても狙いを定めて攻略先を絞り込むことが必要な時代になった。そういう意味からも世古さんが本書で提唱しておられる、「断捨離」から始めるという視点は理にかなっています。断捨離をせずに、昔のやり方を踏襲していては、変化に取り残される。捨てることが先決であると経営者自身が意識をしっかり持つことが大切だと思います。

世古：全く同感です。私は本書で「断捨離」＋「三方よし」を提唱しています。時代に合わせる。変化に合わせる。そのためには、捨てるべき部分を捨てないと変化できないと考えています。

井内：「三方よし」は経営上とても重要な考えです。三方よしのビジネスや仕事でないと、続けることが難しくなります。営業も同じで、本心から顧客のためになること、相手にとってプラスになることができる人が、良き営業マンとして続けられる。顧客も相手もよくなれば、社会のため、世間のためにもなると思うのです。

世古：まさに長年の実体験から導き出された法則ですね？

井内：今、社員を指導する場面でも、三方よしを意識しています。仕事を任せる時に「自分にも、顧客にも、ゆくゆく世間にも社会にも良い」という説明を事前にしなければ、納得して取り組んでくれないし、続かないのです。命令しているだけでは人は動かないのです。

世古：営業も人材育成も時代に併せて変化させていくことが、事業継続の要諦ということになりますね。本日はありがとうございました。勉強させて頂きました。

滋賀を元気に！　日本を元気に！
若者のために明るい未来を創造する！

株式会社HONKI 代表取締役社長　**石川 朋之** 氏

◆石川 朋之（いしかわ ともゆき）

1977年生まれ。奈良県出身、滋賀県大津市在住。株式会社HONKI 代表取締役社長。滋賀県中小企業家同友会 副代表理事。中小企業家同友会全国協議会 青年部連絡会代表。
漫画「バリバリ伝説」に憧れ、高校卒業後「レーサー」を目指し鈴鹿へ渡る。1997年から2009年までレースとバイク一筋に明け暮れる。2002年 国際A級ライセンスを取得し、全日本選手権へ参戦開始。2008年 山本寛斎氏コラボレートチームに抜擢、2009年 全日本選手権スーパーバイクランキング13位。2010年 株式会社HONKIを設立する。

・株式会社HONKI　https://www.honki.co.jp/

世古：こんにちは！　今日はよろしくお願いします。まずは、ＨＯＮＫＩさんの主な事業の内容を教えてください。

石川：世古さんいつもお世話になっております。当社は企業の人材採用、企業研修、人事評価制度の策定、生産性の向上など経営全般にわたるコンサルティング、そしてドバイとベトナムにも拠点を持ち事業を展開しています。

世古：それにしても「本気」（株式会社ＨＯＮＫＩ）という社名、インパクトがありますね！

石川：起業する前は、オートバイのレーサーを14年間やっていました。最高速度３００キロという極限のスピードの中で常にベストを尽くしてきました。妥協や迷いは命の危険につながります。レースを通じて本気でなければ物事は達成できないということを実体験しました。そこから社会に関わるきっかけがあり、強い想いを持って起業しました。その想いとは「若者を、地域を、日本を元気にしたい」です。この想いに命を燃やして、本気で取り組む覚悟を示した社名にしています。

世古：私と同じ滋賀県大津市に本社を構えたきっかけが何かあったのでしょうか？

石川：開業前に、ある人材育成支援会社の役員の方から事業の支援の要請を頂戴し、それがきっかけで滋賀県大津市に拠点を構えました。この場所は琵琶湖のほとりで環境も抜群ですし、住環境も素晴らしいです。

世古：石川社長と滋賀との関りはそこからですか？

石川：実は滋賀とは縁がありまして、私の曾お爺さんが長浜出身の「近江商人」だったんです。大阪に丁稚奉公に行き、会社を経営するに至った経緯があります。私の親戚はみな「朋之は曾お爺さんの血が流れている」とよく言っています。

世古：それは奇遇ですね。私の祖父も近江商人（いわゆる江州商人）で近江八幡にて生を受け、京都で呉服問屋を経営していました。私も母から「お爺さんの血を引き継いだ」とよく言われています。石川社長とは同じ近江商人のＤＮＡが流れているのかもしれませんね。

世古：近江商人といえば、「三方よし」ですが。

石川：地域の未来や地域の子供たちのために我々が出来ることが何かを考え実践することが三方よしでいう「世間よし」に当たるのだと思うのです。「売り手」や「買い手」も大事ですが、「世間よし」をどれだけ実践し貢献できるかが最も大事だと思っています。

世古：まさに、それが近江商人の教えだと思います。

石川：滋賀には若い魅力ある若者が多くいます。企業側も中小企業を中心にキラリと光る素晴らしい会社から、近江商人の教えを実践する大手企業まで優良企業が多い。意外にも、滋賀の若者は地元企業への就職を希望する割合が高いんです。これらのマッティングのお手伝いすることで、若い労働力が活きるし、企業も活性化すると思い、人材採用の事業を推進しています。

世古：そうなんですね。私も地元企業を選んで就職した一人です。

石川：滋賀県はもっと潜在的な労働人材を活性化させるべきだと思うし、コロナ禍の今、若い労働力である若い人材を元気にしないと日本全体も将来が危ういと思っています。

世古：そのためには受け入れ側の企業も成長しないといけないですね。

石川：その通りです。企業側が魅力的な企業になっていないといけないのです。昔ながらの考え方や非効率な業務の改善を実践し、効率的で生産性の高い企業にし、若手の成長の道筋を創っておくことがとても重要だと考えています。

世古：営業も全く同じですね。せっかく若い営業マンが入社しても、昔ながらの非効率な営業をしていては、辞めてしまう。ワクワク営業してくれない。企業側がそれに気付いて、変えていかないとダメなんです。

石川：全く同感です。そういう意味でも今後も世古さんと連携しつつ、企業の活性化、特に営業部門の改革のお手伝いをお願いできればと思っています。

世古：共に滋賀のため、大津のため、日本の明るい未来のために心を燃やして取組みましょう。本日はありがとうございました。

中堅・中小企業の成長のために！これからの時代を先読みした支援のあり方

東京中小企業投資育成株式会社 業務第五部　**池田 幸彦** 氏

◆池田 幸彦（いけだ ゆきひこ）

平成2年（1990年）に東京投資育成に入社以来、30年にわたり中堅中小企業の資本政策の課題解決を中心とした経営支援に携わる。業務部の他、公開支援室調査役、総務課長、財務室長などを経て、2020年から業務第五部長。

○東京中小企業投資育成株式会社…昭和38年（1963年）中小企業投資育成株式会社法に基づき設立された中小企業の資本面・株主構成面を支援する政策実施機関。名古屋、大阪に姉妹会社があり、全国で5,581社の中堅中小企業に利用されている（2020年9月末時点）。

・**東京中小企業投資育成株式会社**　https://www.sbic.co.jp/

世古：池田さん、こんにちは！　まずは御社の主な事業の内容を教えてください。

池田：世古さんにはいつもお世話になっており、取材など恐縮ですがよろしくお願い申し上げます。弊社は昭和38年に当時の通産省の中小企業庁が設立した政策実施機関で、中小企業の資本面での充実と健全な成長発展を支援する機関です。

世古：東京中小企業投資育成株式会社さんは全国で展開されているのですよね？

池田：ええ、東京、名古屋、大阪の３つの投資育成株式会社が存在し、全国の中小企業の支援を行っています。具体的には中小企業が増資を行う際に出資し、株式をお引き受けさせて頂いています。その資金は自己資本として長期の安定資金としてご利用頂いております。結果、弊社が株主となるわけですが、民間のベンチャーファンドとは異なり、投資期限を定めず、長期にわたり株式を保有させて頂き、長期的に健全な成長を支援させて頂いております。

世古：末長いお付き合いをされていかれるのですね？

池田：はい。ご利用いただいて50年を超え、社長も2度、3度交代されても末長いお付き合いをさせて頂いている企業もございます。

世古：そんな長期に渡ってのお付き合いをされるのは、凄いですね。

池田：出資の条件に上場を必ずしも義務付けていないのも特徴です。お客様のニーズとして株主構成の再構築という側面もあり、最近だと非同族承継（ＭＥＢＯ）時の株主構成を大きく変えるという支援にも応じています。

世古：資本面の支援以外では、どのような支援を実施されておられますか？

池田：投資先様の大株主になることが多いのですが、経営干渉はしないという大前提があります。とは言え、投資先様の経営に何かお役に立てれば良いと考え、必要に応じて、セミナーや研修を通じて情報提供を行っております。

世古：やはり、今、コロナ禍で投資先様も大変な状況なのでしょうか？

池田：はい。緊急事態宣言直後から、投資先様から、どうやって営業したらいいんだろうか？　という相談が多く寄せられました。外出が出来ない中、どうやって営業を行うべきか？　投資先様からの悩みが日に日に増していきました。実は、我社でも同じ悩みを抱えていました。そんな時に弊社の石井次長が研究し、行き当たったのが、世古さんのオンラインセミナーだったのです。

世古：ということは、私のセミナーに参加頂いた動機は御社の営業の方法のヒントを見つけに来られたということですか？

池田：そうなんです。セミナーのお話を聞いて、「なるほど、こう考えて組み立てれば良いんだ」という整理が出来ました。特に、コロナによって、価値が変化したという部分は非常に共感しました。コロナ前からじわじわ価値変動があったのですが、コロナで一気に進んだということに合点がいきました。投資先様にも役立つ内容だと実感したので、我社の主催のオンラインセミナーでの講演をお願いした次第です。

世古：そういう経緯だったのですね。２回実施させて頂いたのですが、参加者の皆さんの反応はいかがでしたか？

池田：今のモヤモヤしていた状況が世古先生の話を聞いて、整理が付いた。という感想が多かったです。その上で、「自社が取り組むべき対策を考えることができた」「営業全員で受講したので、方向性を共有できた」などの感想を頂きました。

世古：私も世のため、人のために何かお役に立てれば！　と思い、お話させて頂いたのでそのような感想を頂けて嬉しい限りです。

世古：今後の経済環境は益々厳しくなると思うのですが、どのように捉えられていますか？

池田：大手企業を中心にその周辺で厳しい状況になると予測しています。営業のやり方というより、自社の価値を再度見直すような事をしていかないと、生き残っていけない時代が来ていると考えています。

世古：とても大事なポイントだと思います。是非、コロナがこれらを見直すチャンスをくれたと考えて欲しいものです。

池田：今後も我々の投資先様の営業支援や経営支援の相談もさせて頂き、アドバイスを頂戴できれば幸いです。今後もよろしくお願い申し上げます。

世古：こちらこそ、よろしくお願い申し上げます。本日はありがとうございました。中小企業の明るい未来のために、共に歩みを進めていきましょう。

おわりに　いよいよ！　ニューノーマルな営業の時代へ！

最後まで読み進めていただき、本当にありがとうございました。

率直な感想はいかがでしょうか？　私が今まで蓄積した内容や、実地のコンサルティングで体験した成功事例や失敗事例で得たノウハウまで、全てを駆使してご説明したつもりです。

最後に、営業術以外に大切な私の考え方をお伝えしていきたいと思います。

【これからの時代は、過去の成功体験は全く通用しない！】

まず、これを肝に銘じてください。私が営業コンサルティングを実施するとき、抵抗される勢力の方はたいてい「過去の成功体験」を盾にしてきます。しかし、今まで述べてきた通り、これからの時代は今までの常識が通用しなくなる時代ですから、今まで通りのやり方を続けていても成功はないのです。

上司と部下、社員と社長の垣根を越えて、一丸となりこの苦難を乗り越えなければならないのです。特に指導をする立場の方は「自分も経験したことのない世界と常識」を受け入れつつ、部下と一緒に未来を創ると考えて取組んでください。世間のせいにしたり、コロナ禍のせいにしていては、明るい未来は来ないのです。

逆に、上司にご指導いただく立場の営業マンは、「上司が古い考えしか持っていないから」と、さじを投げてはいけません。上司の過去の経験の良い部分は取り入れつつ、あなたの得意分野の取組みも交え、上司や経営者と一緒に未来に対する取組みをしてください。

自分の未来は自分で創る！　明るい未来に対するアプローチを今すぐ始めましょう。

【付加価値の低い営業マンはロボットに仕事を奪われる】

「こんな高度な営業は私には実践できない」と思った、「内なるあなた」も存在するはずです。確かに高度な部分もあったかと思います。しかし、これからのテレワーク時代は同時にＤＸ時代とも呼ばれています。（ＤＸ＝Digital Transformation）

簡単な作業や事務業務はロボットやＡＩに取って代わるとされています。この3年で加速度的なスピードでオフィスにその影響が現れます。

生身の営業マンはその「役割」を本気で変化させ「営業付加価値を高める方法」を実践しなければ、生き残っていけない時代です。今のレベルの営業に執着するようでは、早晩、職を失うことになります。厳しい言い方と思われるでしょうが、本気で取り組む必要があります。机上の空論で終わらせてはいけないのです。

セミナーや研修、書籍を読んで「わかったつもり」になってしまうことがありますが、わかったなら次は「実践」してください。素直な実践が成果を生みます。

上手く行かないこともあると思いますが、試行錯誤しながら一歩ずつ前進すればいいのです。「わかったつもり」で終わらせるのは「もったいない」です。あなたは素晴らしい才能を持っているのですから、存分にそれらを発揮しましょう。

【いち早く着手した企業と営業マンが生き残る】

「実践」するなら、「今」から始めましょう！　いち早く着手した企業と営業マンが生き残るのです。時代の進化は想像以上のスピードで進みます。立ち止まっている暇はありません。本書を手に取っていただいたのも、何らかのご縁です。「ご縁」を「成果」につなげてください。やるなら「今」からです。

残念ながら、私は本書を通じて情報提供することしかできません。内容をどのように受け止め、実践されるかは、「あなた」次第なのです。

私は「世のため」「人のため」「あなたのため」、本書を執筆しました。

日本で唯一の営業ムダとりコンサルタントとして、企業の生産性を向上させ、働く人々をワクワクさせ、世の中を明るく活力ある社会にする！　それが私の目標です。

そのために「あなた」の力をお貸しください。


最後に、本書を刊行するにあたり、たくさんの方々にご協力いただきました。

最後にこの場を借りて謝辞を伝えさせていただきます。


まずは、帯の推薦文を下さった宮田博文社長、本当にありがとうございました。

出版社様とのご縁をつないで頂いた清永健一さん、能登清文さんのお二人のおかげで本書が誕生しました。また、完成まで導いてくださったごま書房新社編集部の大熊さん、細かいご指導ありがとうございました。

さらに、実社名で掲載を許可頂いた池田栄司社長、伊東義則社長の勇気あるご決断に御礼を申し上げます。対談に快く応じて頂いた、井内良三社長、石川朋之社長、池田幸彦様にも感謝申し上げます。

いつも私に元気と勇気をくれる滋賀県倫理法人会の皆様、同級生各位、以前の勤務先の皆々様へも厚く御礼申し上げます。

そして、独立後も変わらず応援してくれた家族一同、とくに私の命を頂いた、父と母に感謝を伝えたいと思います。

いつもありがとう、そしていつまでもお元気で。産んでくれてありがとう！

本書が、読者の皆様の「営業ムダとり」に役立ち、『三方よし』の成果とご発展につながりますことを、心より願っております。

2020年　11月吉日　地元、滋賀県大津市の平野神宮の境内にて

世古　誠

○参考書籍

『営業リーダーは「仕事」をするな！～結果を出したいリーダーがやってはいけない37のこと～』世古誠（あさ出版）
『[実践]ビジネス・コーチング―プロフェッショナル・コーチの道具箱』田近秀敏（ＰＨＰ研究所）
『展示会のプロが発見！儲かっている会社は１年に「１回」しか営業しない！』清永健一（ごま書房新社）
「営業の見える化」長尾一洋（ＫＡＤＯＫＡＷＡ）

・著者プロフィール

世古 誠（せこ まこと）

「営業ムダとり」®コンサルタント。テレワーク営業エバンジェリスト。滋賀県倫理法人会 普及拡大副委員長。

滋賀県生まれ、大津市在住。滋賀大学経済学部卒業後、NECマシナリー（現在のキヤノンマシナリー）を経て、株式会社NIコンサルティングに入社し、19年間で3,000社を超える営業マンの指導・育成に携わる。

営業マンの生産性を改善したいと本気で取り組み、さまざまな改善による成果を短期間で出すことに成功。この経験をもっと広く伝えていきたいと独立を決心。独自領域の「営業のムダとり」一本に絞り、研修やセミナー講演、コンサルティングを展開。その後、新型コロナウイルスの影響を受けた企業からの様々な相談に向き合う中、テレワーク時代の営業のノウハウを蓄積する。実践型のコンサルティングで培われた内容をセミナーや講演会で語り、テレワーク営業エバンジェリストとして脚光を浴びるようになる。

営業マンにワクワク仕事をしてもらいたい！　がモットー。滋賀県出身者として、三方よしの精神も忘れることなく社会貢献を第一理念においている。

著書に『営業リーダーは「仕事」をするな！ ～結果を出したいリーダーがやってはいけない37のこと～』（あさ出版）。

●著者ホームページ&ブログ『営業ムダとり知恵袋』　https://mudatori.top/
●テレワーク時代の営業相談室　https://telework-advice.mudatori.jp/

“テレワーク時代”に
売上を伸ばす！
「営業ムダとり」戦略

著　者	世古 誠
発行者	池田 雅行
発行所	株式会社 ごま書房新社 〒101-0031 東京都千代田区東神田1-5-5 マルキビル7F TEL 03-3865-8641（代） FAX 03-3865-8643
カバーデザイン	堀川 もと恵（@magimo創作所）
編集協力	河西 麻衣
印刷・製本	創栄図書印刷株式会社

ISBN978-4-341-08777-7 C0034